고 난 이 기 도 를 만 나 면 기 적 이 된 다

따라 하는 기도5

고난

장재기 지음

규장

기도할 힘을 잃어버린 분들에게

"하나님, 하나님은 전능하시다면서요. 그런데 왜 가만히 계세요. 제가 이렇게 힘든데, 왜 하나님은 아무것도 하지 않고 계세요?"

이런 기도를 한 적이 있나요? 괜찮습니다. 예수님도 십자가에서 이런 기도를 하셨습니다. 당신이 이런 기도를 했다는 것은 그만큼 힘들었다는 뜻이죠. 하나님은 그런 당신의 마음을 이해하십니다.

저도 오래전 두 명의 아이를 유산으로 잃고 이런 기도를 드린적이 있습니다. 상황이 받아들여지지 않았습니다. 마음이 너무 힘드니 기도도 안 나왔습니다. 왜 우리에게 이런 일이 일어났냐고 묻는 아내에게 해줄 말이 없었습니다. 힘든 아내를 위해 해줄수 있는 게 아무것도 없다는 사실에 무력감마저 들었습니다.

제 유튜브 채널에 오시는 많은 분이 고난을 겪고 있습니다. 공황장애가 찾아온 분, 일자리를 잃은 분, 배우자의 외도를 알게된 분, 전세 사기를 당해 하루아침에 전 재산을 잃은 분, 자녀가 암이라는 소식을 듣게 된 분 등 많은 분이 다양한 이유로 고난을 겪고 있습니다. 하나님을 사랑하는 사람들에게 왜 이런 일이 일어나는지 저도 잘 모르겠습니다.

그러나 한 가지 확실한 것은 예수님이 우리를 위해 십자가에서 고난받으셨다는 사실입니다. 그분은 아무 죄가 없었지만, 우리를 위해 스스로 고난당하셨습니다.

그분은 고난이 무엇인지 아십니다. 종려나무 가지를 들고 열광하며 맞이하던 사람들이 돌변해 자신을 십자가에 못 박으라고 외쳤습니다. 3년을 함께 다니며 목숨까지 바치겠다던 제자들이 모두 도망갔습니다. 가장 고통스러운 시간에 영원 전부터 함께하셨던 성부 하나님께서 고개를 돌리고 외면하셨습니다.

그분은 버림받은 아픔이 무엇인지, 배신당한 슬픔이 무엇인지, 살점이 뜯겨나가는 고통이 무엇인지, 죽음 앞에 선 두려움이 무엇인지 아십니다. 그 예수님이 지금 이곳에 고난받는 우리와 함께하십니다.

예수님은 고난이 무엇인지 모르면서 우리의 아픔을 안다고 하지 않으셨습니다. 그분은 고난이 어떤 것인지 누구보다 잘 아시며, 우리의 마음을 아십니다. 그래서 우리가 아파할 때 함께 아파하시고, 울고 있을 때 함께 울어주십니다.

시간이 흘러 아내가 어렵게 기도를 시작하면서 제게 "나보다 더 아파하며 힘들어하시는 예수님을 알게 되었어요"라고 말해 주었고, 그때부터 회복도 시작되었습니다.

어떤 고난을 겪고 있든 상관없습니다. 예수님을 만나면 우리는 어떤 고난도 넘어설 힘을 얻게 됩니다. 그러나 너무 힘들면 기도할 힘조차 없습니다.

이 책은 기도할 힘을 잃어버린 분들을 돕기 위해 쓰였습니다. 이 책이 당신을 기도의 자리로 이끌고, 기도에 힘을 더해줄 것입니다. 기도를 따라 하는 동안, 당신을 고난에서 건지고 고난의 의미를 알게 하실 예수님을 만나게 될 것입니다.

실제로 영상을 통해 기도를 따라 한 많은 성도님이 하나님께서 주신 힘으로 고난을 이겨냈습니다. 그 분들이 댓글로 남겨주신 이야기입니다.

"산후 우울증과 호르몬 조절의 어려움을 겪는 중 가정에 위기가 찾아왔습니다. 너무 힘들어 극단적인 생각까지 했었는데 기도를 듣고 많이 울었습니다. 하나님께서 나를 사랑하신다는 것을 알게 되었습니다."

"하나님을 멀리했던 남편이 따라 하는 기도로 하루를 시작하게 되었고, 주님을 더 가까이하게 되었습니다."

"제가 돌보던 시한부 암 환자에게 따라 하는 기도를 계속 들려주었는데, 그 분이 예수님을 믿고 천국에 가셨습니다."

"우울증과 대인기피증, 강박증, 마음속 분노가 가득했고, 음란물에 중독되어 살던 제가 기도를 따라 하면서 완전히 끊게 되었습니다. 기도를 따라 하면서 오열하며 진심으로 회개했고, 처음으로 성경도 읽기 시작했습니다. 어떻게 이렇게 사람이 달라질 수 있는지 감사할 따름입니다."

"갑자기 아빠가 하늘나라에 가게 되면서 마음이 힘들고, 슬픔에 밤잠을 이루지 못할 때 기도를 따라 하면서 힘든 시간을 이겨내게 되었습니다."

"자녀의 심한 우울증으로 막막할 때 〈따라 하는 기도〉 40일 작정 기도를 했는데 지금은 많이 좋아져 약을 먹지 않고 지냅니다. 또한 하나님께서 아이를 위해 기도했던 저도 변화시켜주셔서 중보기도자로 헌신하게 하셨습니다."

"전세 사기로 우울증을 겪고 무기력하게 지내다가 기도를 따라 하며 힘과 위안을 얻었습니다. 여전히 상황은 그대로지만, 이 시

간을 헛되게 보내는 것을 하나님께서 원치 않으신다는 것을 깨닫
게 되었습니다."

"기도를 통해 아들이 중환자실에서 나오게 되었습니다. 기적으
로 살아났습니다. 말도 하게 되고, 시력도 회복되었습니다. 하나
님께서 고쳐주신 줄 믿습니다."

"지난 1년 동안 불면의 밤을 지새우고 숨조차 쉴 수 없을 정도로
힘들었는데 기도를 통해 아픈 상처가 아물고 있음을 보면서 주님
의 놀라우심을 알게 되었습니다."

우리와 같이 평범한 이들이 기도로 고난을 이겨낸 이야기입
니다. 그리스도인이 된다는 것은 고난이 없는 것이 아니라, 고난
을 이겨낼 힘을 얻게 된 것입니다. 많은 그리스도인이 고난에 무
너지지 않고 고난을 극복했습니다. 고난을 통해 이전보다 더 높
이 오르는 삶을 살았습니다.

우리에게는 고난을 이겨낼 방법이 있습니다. 바로 하나님입
니다. 하나님은 어떤 고난보다 더 크시고, 우리를 공격하는 원수
보다 더 강하십니다. 그분께 기도할 때, 상황을 바꿔주시든 나를
강하게 하시든 반드시 고난을 넘어서게 하실 것입니다.

이 책의 1부에서는 어떻게 고난을 이겨낼 수 있을지 설명하였습니다. 고난을 바라보는 새로운 눈이 열릴 것입니다. 2부에는 고난을 이기는 31편의 기도문을 실었습니다. 앉은 자리에서 한 번에 다 읽기보다는 하루에 한 편씩, 내용을 생각하며 찬찬히 따라 하고 반복해서 기도하기를 권해드립니다.

이 책은 당신을 위한 것입니다. 기도를 따라 읽는 동안 고난의 계곡을 건너고 역경의 산을 오를 것입니다. 폭풍우를 헤쳐나가고, 어둠을 몰아내는 새벽을 맞이할 것입니다. 한 구절 한 구절의 기도문이 절망을 넘어서는 디딤돌이 되고, 거센 비를 막아줄 우산이 될 것입니다.

삶이 고단하시죠? 고단한 인생이지만 용기 내어 기도를 시작한 당신의 삶에 기적이 일어나기를 기도합니다.

기도의 동역자

장재기 목사

CONTENTS

PART 1

고난을
새로운 눈으로 보자

chapter 1

왜 예수를 믿어도 고난이 있을까?

고난을 면제받은 사람은 없습니다. 존 번연의 《천로역정》은 주인공 크리스천이 큰 짐을 지고 무게를 견디지 못해 괴로워하는 모습으로 시작합니다. 이것이 천로역정이 묘사하고 있는 인생입니다. 사람은 저마다 고난의 짐을 지고 살아갑니다. 인생에 고난이 찾아올 때, 사람들은 억울해하거나 화를 내거나 우울감에 빠집니다. 그리스도인에게도 고난이 찾아옵니다.

그리스도인들이 고난을 더 힘들어하는 이유는 하나님께서 나를 사랑하지 않는다는 느낌 때문입니다. '제가 이렇게 힘든데 왜 하나님은 가만히 계시죠? 저를 잊으셨나요? 제게 관심이 없는 하나님을 제가 왜 믿고 따라야 하죠?'라며 믿음이 흔들립니다. 예수를 믿어도 고난이 있다면 굳이 예수를 믿을 이유가 없다며 신앙을 떠난 이들도 있습니다.

고난에는 여러 종류가 있습니다.

자기 잘못으로 인한 고난이 있습니다. 남의 물건을 훔치다가 들켜서 감옥에 가게 된 사람이 왜 하나님이 내게 이런 고난을 주냐고 말할 수 없습니다. 그것은 하나님을 원망할 일이 아니라 자신을 돌아봐야 할 일입니다. 자기 잘못을 인정하고 자신의 행동에 책임져야 합니다. 필요하다면 용서도 구해야 합니다.

원수가 주는 고난도 있습니다. 짜증 나게 하고, 죄와 타협하게 하고, 관계를 깨뜨리고, 악몽에 시달리게 합니다. 이럴 때는 원수의 공격이라는 것을 알고, 보이는 사람과 싸우지 말고 보이지 않는 악한 영들을 대적해야 합니다.

하나님이 주시는 고난도 있습니다. 그런 고난은 우리를 무너뜨리는 것이 아니라 세우기 위해 주시는 것입니다. 우리가 잘못했을 때 하나님은 징계하십니다. 우리가 바른길로 돌아오기를 바라시기 때문입니다.

어느 날 제 아들이 답안지를 보고 정답을 베껴 쓰고는 문제를 다 풀었다고 엄마에게 거짓말을 했다가 들켰습니다. 그날 그 아이는 사자의 얼굴을 한 엄마를 봐야 했습니다. 그날 제 아내가 아들을 혼낸 이유는 아들이기 때문입니다. 아들이 아니라면 혼내지 않습니다. 아들이기 때문에 바른길로 돌아오도록 한 것이죠.

저는 다른 집 아이가 자전거를 탈 줄 아는지 모르는지 관심 없습니다. 그러나 제 아들에게는 자전거를 가르쳐주기 위해 운동장으로 갑니다. 아들이 넘어지고 다치는 것이 저도 싫지만 아들이 자전거를 탈 수 있도록 돕기 위해 운동장으로 갑니다. 이것이 하나님이 우리에게 고난을 주시는 이유입니다. 우리가 성장하기를 원하신 것이죠.

그러나 이유를 모르는 고난도 있습니다. 폭우로 산사태가 나서 집이 무너져 가족이 생명을 잃기도 하고, 원인을 알 수 없는 질병에 걸리기도 하고, 묻지 마 폭행과 같은 비극에 휘말리기도 합니다. 우리의 잘못으로 인한 것도 아니고, 하나님이 주셨다고도 할 수 없습니다. 이런 고난은 설명이 안 됩니다.

하나님을 사랑하는 사람들에게 왜 고난이 일어날까요? 평생 하나님을 위해 헌신한 이들에게 왜 가슴 아픈 일이 일어났는지 솔직히 저도 잘 모르겠습니다.

제가 디스크로 누워 있을 때 어머니께서 전화하셔서 이렇게 말씀하셨습니다. "아들, 엄마가 대신 아플 수만 있으면 대신 아프고 싶어. 내가 대신 아플 수 있으면 좋겠어"라고. 수화기로 들려오는 어머니의 말씀에 눈물이 핑 돌았습니다. 이것이 부모의 마음입니다. 하나님도 그러십니다.

주께서 인생으로 고생하게 하시며 근심하게 하심은 본심이 아니
시로다 애 3:33

우리가 고난받는 것이 하나님의 본심은 아니라고 하십니다. '하나님도 원하지 않으시는데 그런데도 허락된 고난이라면 뭔가 내가 모르는 뜻이 있지 않을까?' 아직은 그 뜻이 무엇인지 알수 없지만, 하나님이 의도하신 게 아니라는 사실만으로도 위로가 되었습니다.

삶이 꼭 권선징악인 것은 아닙니다. 착한 사람에게 나쁜 일이 일어나기도 하고 나쁜 사람에게 좋은 일이 일어나기도 합니다. 왕궁에 살던 모세는 그의 혈기 때문에 40년 동안 광야 생활을 하게 되었고 출애굽 한 이스라엘 백성은 불순종 때문에 약속의 땅으로 들어가지 못하고 광야 생활을 했습니다.

그러나 다윗은 사울의 질투 때문에 광야로 피신하여 숨어 다녀야 하는 고난을 겪었고, 욥은 그가 의로웠기 때문에 고난을 겪었습니다. 예수님은 스스로 고난을 받기 위해 광야로 들어가셨고, 십자가를 지셨습니다.

누구에게나 고난은 찾아오지만 그 고난이 모든 사람에게 똑같은 크기와 질감으로 찾아오지 않습니다. 하나님을 사랑하고 신실하게 살았던 사람도 고난을 겪습니다.

그러니 '어떻게 내게 이런 고난이 있지?'라며 고난을 부인하지 말고, '그래, 고난은 있지. 나라고 예외일 리 없잖아'라며 고난을 인정하고 받아들여야 합니다.

그리고 다른 사람의 고난을 판단하는 것을 멈춰야 합니다. "내가 너 그럴 줄 알았어. 네가 죄를 지어서 그런 거야. 하나님이 너를 심판하는 거야. 너를 잘 돌아봐" 이런 말을 해서는 안 됩니다. 욥은 하나님을 신실하게 섬겼지만 자녀를 잃고 사업이 부도나고 질병에 걸리기까지 합니다. 그런데 하나님은 욥의 친구들이 하는 어떤 말에도 동조하지 않으시고 단 한마디도 욥의 죄를 지적하지 않으셨습니다.

우리는 고난의 이유를 다 알 수 없습니다. 판단은 우리가 아니라 하나님이 하실 일입니다. 우리가 할 일은 고난받는 사람을 판단하는 것이 아니라 위로하는 것입니다.

사람들은 고난받는 우리를 판단하기도 하고 떠나기도 합니다. 그러나 하나님은 고난 가운데 있는 우리를 결코 떠나지 않으십니다(신 31:6). 우리가 그분을 떠날지언정 절대 우리를 떠나지 않으십니다. 하나님은 마음이 상한 자들을 항상 가까이하셨습니다(시 34:18). 하나님이 멀게 느껴지고 버림받은 것 같을지라도, 그 느낌과 상관없이, 하나님은 여전히 우리와 함께하십니다. 당신은 혼자가 아닙니다.

힘든 시간에 제 아내가 제게 위로가 되었던 이유는 그녀가 저의 어려움을 자신의 어려움으로 여기고 '우리'의 어려움이라고 생각했기 때문입니다.

그리스도인들을 핍박하는 사울에게 예수님이 나타나셔서 이렇게 말씀하십니다.

"사울아 사울아 네가 어찌하여 나를 박해하느냐"(행 9:4).

왜 너는 '내 자녀들'을 박해하냐고 묻지 않으시고 '나'를 박해하냐고 하십니다. 주님은 고난받는 자들과 자신을 분리하지 않으셨습니다. 하나님은 내가 고난받을 때 그분 자신이 고난받는다고 여기십니다.

놀라운 사실은 우리가 고난에서 벗어나려고 하는 그 어떤 노력보다 하나님께서 우리를 고난에서 건져내시기 위해 더 크게 노력하고 있다는 것입니다.

사람이 물에 빠졌을 때는 왜 빠졌는지 묻기보다는 물에서 건져주는 것이 우선입니다. 마찬가지로 고난이 왔을 때는 고난의 이유를 생각하기보다 어떻게 극복할 것인지에 초점을 맞추는 것이 중요합니다. 어떻게 고난을 이길 수 있을까요?

chapter 2

어떻게 고난을 이길 수 있을까?

이찬수 목사님은 "인생은 반응이다"라는 말씀을 자주 하십니다. 찰스 스윈돌 목사님(스톤브라이어교회) 또한 인생은 사건보다 반응이 중요하다는 의미에서 이렇게 말한 바 있습니다.

"나는 확신한다. 인생의 10퍼센트는 나에게 일어나는 일이고, 90퍼센트는 그 일에 대한 나의 반응이라는 것을. 당신도 그렇다. 그러므로 우리는 우리의 태도에 대해 책임을 져야 한다."

학교에서 한 아이가 장난치다가 유리창을 깼습니다. 교실에 들어와 대뜸 "누가 이 유리창 깼어?" 하고 고함을 치는 선생님이 있고 가장 먼저 "다친 사람 없니?"라고 묻는 선생님이 있습니다. 같은 상황이라도 분위기는 완전히 달라집니다. 최악의 선생님은 물어보지도 않고 "이거 철수가 깼지!"라며 철수를 문제의 원인으로 생각하는 분이죠.

물론 누가 유리창을 깼냐는 질문도 필요합니다. 그러나 다친 사람이 없냐는 질문이 먼저입니다. 하나님도 그러십니다. 우리 인생에 고난이 찾아왔을 때 우리의 죄를 묻고 따지기보다 "괜찮니? 다친 곳은 없니?"라고 물어주십니다.

인생이라는 유리창이 깨졌을 때 어떤 사람은 하나님을 문제의 근원으로 여겨 하나님은 왜 나를 이렇게 힘들게 하냐고 불평하고, 어떤 사람은 자책하며, 어떤 사람은 왜 하필 나에게 이런 일이 생겼냐면서 답 없는 질문에 함몰되기도 합니다.

당신은 고난에 어떻게 반응하셨나요? 고난에 대해 다양한 반응을 보일 수 있지만, 중요한 것은 그 고난을 이기고, 그것이 내게 유익이 되게 하는 것입니다. 그러기 위해서는 어떻게 반응해야 할까요?

하나님 앞에서 울어야 한다

고난을 겪는 이유는 매우 다양하지만 중요한 것은 고난이 내게 찾아왔을 때 하나님을 적으로 삼고 그분과 싸워서는 안 된다는 것입니다. 그렇지 않아도 힘든 고난을 하나님과 싸워서 어떻게 이기겠습니까. 하나님을 내가 싸워야 할 적으로 생각하면 고난을 이길 수 없습니다.

고난이 왔을 때 가장 먼저 할 일은 하나님을 내 편으로 삼는 것입니다. 다윗은 고난이 왔을 때 하나님과 싸운 것이 아니라 하나님과 같은 편이 되었습니다.

여호와여 나의 기도에 귀를 기울이시고 내가 간구하는 소리를 들으소서 나의 환난 날에 내가 주께 부르짖으리니 주께서 내게 응답하시리이다 시 86:6,7

다윗은 하나님이 자신에게 고난을 주신 분이 아니라 자신을 고난에서 건져내실 분이라고 믿었습니다. 그래서 하나님과 싸우는 것이 아니라 "주님, 도와주세요. 저를 건져주세요. 주님, 응답해주세요"라고 도움을 요청하며 부르짖은 것입니다.

그는 고난이 찾아올 때 종종 하나님 앞에서 마음을 쏟아냈습니다. 상황이 정확하게 알려지지 않았지만, 학자들은 다윗이 질병이나 박해로 극심한 고통을 겪을 때 시편 6편을 썼을 거라고 말합니다.

내가 탄식함으로 피곤하여 밤마다 눈물로 내 침상을 띄우며 내 요를 적시나이다 내 눈이 근심으로 말미암아 쇠하며 내 모든 대적으로 말미암아 어두워졌나이다 시 6:6,7

하나님이 안 계시는 것처럼 느껴질 때가 있습니다. 하나님이 나를 벌하시는 것처럼 느껴지고, 하나님이 그냥 지켜보고만 계시는 것 같고, '이러다 내가 죽을 수도 있겠구나' 하는 생각이 들 때가 있습니다. 그때 다윗은 하나님 앞에서 울었습니다.

'예수 믿는 사람이 힘들다고 울면 안 되지. 힘들어도 웃어야지'라고 생각하는 사람이 있습니다. 어떤 사람은 '나는 울 자격도 없어'라고 생각하며 울음을 참고 살아갑니다.

그러나 성경은 우리에게 우는 것을 허락할 뿐만 아니라 도리어 울라고 권합니다. 다윗은 얼마나 울었는지 울다가 지쳤다고 합니다. 눈물에 침대가 떠다니고 침대 시트가 다 젖을 정도로 울었다고 합니다. 너무 많이 울어서 앞이 잘 보이지 않을 정도였다고 합니다.

울고 싶을 때가 있습니다. 아무것도 하기 싫고, 그냥 혼자 있고 싶을 때가 있습니다. 그때는 그렇게 가라앉아 있지만 말고 하나님 앞에서 탄식하며, 울어야 합니다.

우는 것이 믿음 없는 것처럼 보일지 모르지만, 하나님을 정말 신뢰하는 사람만이 하나님 앞에서 울 수 있습니다. 운다는 것은 내 삶을 포기한다는 것이 아니라 견디겠다는 뜻입니다. 버티겠다는 것입니다. 그러니 이제 울음을 참지 말고 하나님 앞에서 어린아이처럼 소리 내어 울기 바랍니다.

아프면 울어야 합니다. 울어야 삽니다. 우는 것은 부끄러운 것도 아니고 잘못된 것도 아닙니다. 하나님은 그분 앞에서 솔직하게 울부짖었던 다윗을 부끄러워하지 않으시고, 오히려 그런 그의 모습을 성경에 기록할 만큼 기뻐하셨습니다.

예수님도 우셨다는 것을 아시나요? 사랑하는 친구 나사로의 죽음 앞에서 눈물을 흘리셨고(요 11:35), 멸망이 임박한 예루살렘을 바라보며 우셨으며(눅 19:41), 겟세마네 동산에서도 통곡하셨습니다(히 5:7).

이제 마음을 억누르지 마세요. 울어도 괜찮습니다. 예수님도 우리와 똑같이 고난을 겪으셨기에 사랑하는 사람을 떠나보낸 슬픔도, 믿지 않는 가족을 위해 기도하는 마음도, 죽음을 앞둔 두려움도 누구보다 잘 아십니다.

우리 안에 계신 성령께서도 말로 표현할 수 없는 깊은 탄식으로 우리를 위해 기도해주십니다. 그러니 힘들다면 하나님 앞에서 우세요. 하나님께 솔직한 마음을 털어놓고 울 때 우리보다 더 안타까워하며 함께 울어주시는 주님을 만날 것입니다.

저도 참 많이 울었습니다. 삶이 고단해서 울었고, 가족이 보고 싶어서도 울었고, 하나님을 모르는 가족을 생각하며 울었습니다. 힘들어하는 청년들을 붙들고 울었습니다. 기도하려고 앉아 주님을 부르면 눈물부터 났습니다. 너무 울어서 늘 눈이 퉁퉁 부어 있었습니다. 그런데 울었기 때문에 끝까지 버틸 수 있었습니다. 힘들 때는 하나님 앞에서 울어야 합니다.

하나님께 기도해야 한다

고난이 힘든 이유는 예고가 없기 때문입니다. 준비할 기회도 주지 않고 전혀 예상하지 못한 순간에 찾아옵니다. 또 고난은 예외가 없습니다. 돈이 많든 적든, 나이가 많든 적든, 신앙이 있든 없든, 사람을 가리지 않고 누구에게나 찾아옵니다.

그러나 고난 때문에 무너진 사람이 있고 고난 덕분에 성장한 사람이 있습니다. 고난이 쓴 뿌리로 남은 사람이 있고, 고난으로 삶의 뿌리를 더 깊이 내린 사람이 있습니다. 어떤 삶이 더 복될까요?

고난이 축복이었다고 고백하는 이들의 특징이 있습니다. 그들은 고난이 왔을 때 기도했습니다. 고난으로 하나님과 멀어진 것이 아니라 더 가까워졌습니다.

사람은 고난 때문에 망하지 않습니다. 고난이 왔는데 기도하지 않기 때문에 망합니다. 기도하지 않는 사람에게는 고난이 재앙이 되지만 기도하는 사람에게는 고난도 축복이 됩니다. 고난이라는 사건보다 중요한 것은 기도로 반응하는 것입니다.

욥은 이유를 알 수 없는 고난이 왔을 때 기도했습니다. 자신이 태어난 날을 저주하기도 하고 자기 생명을 끊어달라고 탄식도 하고 하나님을 원망하며 회의에 빠지기도 했지만, 그는 주님 앞에서 탄식했고 그분께 따져 물었습니다. 고난으로 하나님과 멀어진 것이 아니라 더 가까워졌고, 하나님은 그런 욥의 삶을 이전보다 더 놀랍게 회복시켜주셨습니다. 고난이 찾아왔다면 주님께 피해야지 주님을 피해서는 안 됩니다.

하나님이여 나를 지켜주소서 내가 주께 피하나이다 시 16:1

지금 불안한 것은 상황 때문도 아니고 사람 때문도 아닙니다. 주님께 피해야 하는데 주님을 피하고 있기 때문입니다.

"고통이 모두를 성숙하게 만들지도, 모두의 삶을 와르르 무너뜨리지도 않는다. 핵심은 하나님을 바라보는 것이다. 하나님을 바라보며 그분의 손을 붙잡으면, 고통 속에도 유익이 있다."
- 홍민기, 내 편은 아무도 없었다(규장), p.67

하나님을 바라보고 그분을 붙잡는 인생은 고통 속에서도 꽃을 피웁니다. 다윗은 죽도록 힘들 때 죽을힘을 다해 주님께 피했고, 그 덕분에 살았습니다. 주님을 붙잡기만 하면 상황이 어떻든 우리는 살 수 있습니다.

고난이 왔다면 사람들 찾아다니며 인간적인 방법으로 풀려 하지 말고 하나님께 기도합시다. 문제를 가지고 기도를 시작합시다. 고난은 불평할 일이 아니라 기도할 일입니다. 시련은 원망할 일이 아니라 기도할 일입니다. 문제는 낙심할 일이 아니라 기도할 일입니다. 주님을 피하면 근심만 더해지지만, 주님께 피하면 길이 나고 방법이 보입니다.

하나님의 모든 기적은 고난의 현장에서 일어났습니다. 고난이 일어났기 때문에 기적도 일어난 것입니다. 애굽 군대가 쫓아왔을 때 기도하자 홍해가 갈라지는 기적이 일어났습니다. 물이 없었기 때문에 쓴물이 단물이 되고 반석에서 물이 나는 기적을 경험했습니다. 먹을 것이 없었기 때문에 만나와 메추라기의 기적을 경험했습니다.

고난이 기도를 만나면 기적이 됩니다. 어떤 고난도 기도가 시작되면 기적이 일어납니다. 고난은 하나님이 역사하실 기회입니다. 우리 힘으로 어찌할 수 없을 때 하나님의 역사가 나타납니다. 질병의 문제든 물질의 어려움이든 깨어진 관계의 아픔이든 어떤 고난도 기도를 만나면 기적이 됩니다.

우리가 고난에 무너지는 이유는 기도하지 않아서라기보다 기도를 포기했기 때문입니다. 기도는 마지막에 하는 것이 아니라 첫 번째로 해야 합니다. 그리고 첫 번째로 시작하는 것보다 중요한 것은 마지막까지 하는 것입니다.

고난을 이기게 하는 것은 겸손하게 꿇은 끈질긴 기도의 무릎입니다. 기도의 능력이 나오기 위해서는 끝까지 끈질기게 기도해야 합니다. 기도의 불이 붙기 전에 기도의 자리에서 일어서지 마십시오. 포기하지 않는 기도가 고난을 돌파합니다.

네 조상들도 알지 못하던 만나를 광야에서 네게 먹이셨나니 이는 다 너를 낮추시며 너를 시험하사 마침내 네게 복을 주려 하심이었느니라 신 8:16

"마침내 네게 복을 주려 하심이었느니라."

고난은 목적이 아니라 과정입니다. 하나님은 고난을 통해 우리에게 복을 주고자 하십니다. 그 복을 받는 그릇은 '너를 낮추시며', 즉 겸손입니다.

고난마저 없다면 우리가 얼마나 교만하게 살겠습니까. 고난이 오기 전에는 내 힘으로 할 수 있을 것 같고, 나는 남들과 다르다고 생각합니다. 그러나 고난이 닥치면 '내 힘으로 안 되는구나, 내가 할 수 있는 것이 아무것도 없구나' 하며 자신의 한계를 인식합니다. 그때 비로소 하나님을 찾고, 하나님의 주권을 인정하고, 그분을 더 깊이 의지합니다.

그러니 "주님, 저는 부족합니다. 저는 아무것도 모릅니다. 저는 할 수 있는 것이 없습니다. 주님 도와주세요"라며 기도로 바짝 엎드려야 합니다.

이 책을 읽고 있다는 것은 당신이 기도를 시작했다는 것입니다. 기도의 사람은 절대 망하지 않습니다. 망하고 싶어도 못 망합니다. 망할 것처럼 보여도 망하지 않고, 끝난 것처럼 보여도 끝나지 않습니다. 기도하는 당신은 이제 망하기는 틀린 인생입니다.

너희는 여호와의 선하심을 맛보아 알지어다 그에게 피하는 자는 복이 있도다 시 34:8

하나님은 그분께 피하는 당신을 복되게 하겠다고 약속하십니다. 그러니 두려워하지 마세요. 상황이 힘들어도 걱정하지 마세요. 기도하는 당신은 무너지지 않습니다.

주님은 기도하는 당신을 버려두지 않으시고, 어떤 상황에도 포기하지 않으십니다. 죽은 자를 살리며 없는 것을 있게 하시는 하나님은 모든 기회가 날아갔어도 새로운 기회를 허락하시고,

모든 문이 닫혔을지라도 새로운 문을 여십니다.

당신이 원하는 대로 응답되지 않을 수는 있지만, 언제나 더 좋은 것으로 응답하십니다. 하나님께 나오면 모든 문제가 해결됩니다. 하나님이 함께하시면 모든 문제는 결론이 납니다. 하나님이 해답이시기 때문입니다.

하나님의 선하심을 신뢰해야 한다

매일 한 움큼의 약을 먹어야 하고, 통증이 사라지지 않아 늘 밤잠을 설쳐야 하고, 할 수 있는 것이 아무것도 없어 무기력하게 살아가는 이들이 있습니다. 그냥 툭 하고 건드리면 왈칵 눈물이 쏟아집니다. 더 괴로운 것은 지금 겪는 고난이 명확하게 설명되지 않고, 아무 의미도 없어 보인다는 것입니다.

그러나 의미를 모른다고 해서 의미가 없는 것은 아닙니다. 하나님은 모든 고난을 의미 있게 사용하십니다. 사람들은 고난당한 사람을 보며 저 사람이 저렇게 된 것이 누구 때문이냐고 고난의 이유를 찾았지만, 예수님은 그의 고난을 통해 하나님의 영광을 나타내겠다고 의미를 부여하십니다. 주님은 최악의 상황을 사용하셔서 최고의 열매를 맺고, 실패한 계획을 통해 더 큰 계획을 이루십니다.

우리가 알거니와 하나님을 사랑하는 자 곧 그의 뜻대로 부르심을
입은 자들에게는 모든 것이 합력하여 선을 이루느니라 롬 8:28

하나님께서 고난을 허락하신 이유는 우리를 위해서입니다.
우리에게 항상 좋은 일만 일어나는 것은 아니지만, 하나님은 '모
든 일'을 좋은 일이 되게 하십니다. 좋은 일뿐만 아니라 보이스
피싱을 당하고 배우자와 이혼하고 사업이 실패하는 등 우리가
겪는 고난까지도 좋은 일이 되게 하십니다.

우리는 지금 당장 고난에서 벗어나게 해달라고 기도하지만,
하나님은 가장 완벽한 때를 기다리십니다. 늦은 것처럼 보여도
하나님은 단 1초도 늦지 않게 일하십니다.

유튜버 박위 형제와 아이돌그룹 출신 송지은 자매가 결혼을
발표했는데, 많은 사람에게 선한 영향을 주고 있습니다. 사고로
하반신이 마비된 박위 형제는 한 인터뷰에서 "욕창이 내게 유익
이었던 것은 송지은을 만난 것이다. 만약 내가 욕창에 걸리지 않
았다면 새벽 예배를 그 타이밍에 나가지 않았을 것 같다. 하나님
의 타이밍은 정말 내가 상상할 수 없는 타이밍이라는 것을 느꼈
다"라고 말했습니다.

하나님은 하반신이 마비되는 사고, 욕창에 걸린 아픔까지도
사용하셔서 좋은 일이 되게 하십니다. 두 사람은 "고난이 인생에

찾아왔는데, 풀어보니 결국 선물이었어요"라고 말합니다.

인생에 고난이 찾아왔을 때 천천히 고난을 풀어봅시다. 고난이라는 포장지를 뜯어보면 하나님이라는 놀라운 선물을 발견하게 됩니다. 모든 것을 아시는 하나님께서 우리를 위해 모든 상황을 움직이고 계십니다. 그러니 조급해할 필요 없습니다.

안식년을 보낸 후 저희 가정은 다음 사역을 위해 기도했습니다. 그러나 청빙 요청이 오는 곳도 없고, 코로나로 개척할 수도 없는 상황이었습니다. 아무것도 할 수 없어 마음이 조급해질 때 제 아내가 저를 만류하며 격려했습니다.

"시간이 됐다고 해서, 그리고 경제적인 이유로 사역을 결정하지 말고, 1년 더 같이 기도하면서 하나님의 인도하심을 기다려 봐요. 저는 당신이 하나님이 인도하신 곳에서 기쁘게 사역했으면 좋겠어요. 돈은 제가 벌어볼게요."

아내에게 미안했지만 모든 것을 내려놓고 다시 1년을 기도하며 기다리기로 했습니다.

기도를 시작한 지 한 달이 지났을 때 하나님께서 유튜브에 수많은 사람을 보내주기 시작하셨습니다. 그분은 이미 모든 것을 준비해놓고 기다리고 계셨습니다. 길이 전혀 보이지 않았지만, 제가 걷는 곳이 길이 되게 하셨습니다.

하나님께서 아무 일도 하지 않는 것처럼 느껴져도 우리를 위해 최선을 다하고 계심을 믿으십시오. 고난이 찾아왔다면 이 말씀을 기억하세요.

"여호와께서 욥의 말년에 처음보다 더 복을 주시니"(욥 42:12).

고난으로 다 끝난 것처럼 보여도 하나님은 처음보다 더 큰 복을 주십니다. 당신의 잃어버린 건강, 가정, 물질을 모두 되찾아 주시고 처음보다 더 큰 복을 주십니다.

지금 어려움이 있다고 해서 하나님께 버림받은 것이 아닙니다. 고난받는 것이 하나님이 나를 사랑하지 않으신다는 증거가 될 수 없습니다. 왜냐하면 하나님을 사랑하는 수많은 그리스도인이 고난을 겪었기 때문입니다.

하나님이 친구처럼 대했던 모세도 광야의 시간을 보냈고, 하나님의 마음에 합한 자라 칭함을 받은 다윗도 광야를 지났습니다. 욥이 이유를 알 수 없는 고난을 받게 된 것은 하나님이 그를 사랑하지 않아서가 아니라, 하나님께서 그를 신뢰했기 때문입니다. 이유를 모르는 고난을 겪고 있다면 하나님께서 당신을 신뢰하고 있다는 뜻입니다.

의인은 고난이 많으나 여호와께서 그의 모든 고난에서 건지시는 도다 시 34:19

하나님을 믿는 우리는 의인이 되었습니다. 고난이 많은 것은 저주받은 증거가 아니라 의인이라는 증거입니다. 상황이 다 끝난 것처럼 보여도 끝이 아닙니다. 하나님께서 우리를 모든 고난에서 건져내겠다고 약속하셨습니다.

그러니 내가 처한 상황으로 하나님의 사랑을 판단하는 것을 멈추십시오. 우리를 향한 하나님의 사랑은 이미 십자가로 입증되었습니다. 하나님의 사랑이 의심되면 십자가를 바라보세요. 주님께서 두 팔을 벌리고 이렇게 말씀하십니다.

"내가 너를 이처럼 사랑해!"

아프리카 케냐의 임은미 선교사님이 오래전 허리가 안 좋아서 수술을 하고 입원해 있을 때, 허리를 숙이며 구석구석 청소하시는 아주머니가 너무 부러웠다고 합니다. 그래서 "아주머니는 마음껏 돌아다닐 수 있으니 좋겠어요"라고 말을 건넸는데 그 분도 아픈 곳이 있지만 수술비 200만 원이 없어서 수술을 못 받는 처지였습니다. 그 말에 임 선교사님이 수술하라고 그 돈을 마련해서 드렸다고 합니다.

10년 정도 지나서 선교사님의 지인이 어느 기도원에 갔을 때 어떤 분이 임은미 선교사님의 설교를 듣고 있길래 이 설교하시는 분을 아느냐고 했더니 이렇게 대답했다고 합니다.

"저는 사실 잘 모르는 분이지만 저에게는 생명의 은인이에요.

제가 수술비가 없을 때 수술비를 대 주신 분이거든요. 그 당시 저는 하나님을 믿지 않았는데 이 분에게서 수술비를 받고 너무 고마워서 하나님을 믿게 되었어요."

임 선교사님은 그 이야기를 전해 들으면서 로마서 8장 28절 말씀이 깨달아졌다고 합니다. '내가 아픈 것은 좋은 일이 아니었지만 그 일로 한 영혼이 구원받았다면 이것은 선한 일이다'라고요. 내가 겪는 고난을 통해 영혼이 주께 돌아오게 된다면 그 고난은 무의미한 것이 아니라 하나님의 뜻을 이루는 고난입니다. 하나님은 고난까지도 사용하여 선을 이루십니다.

내가 사망의 음침한 골짜기로 다닐지라도 해를 두려워하지 않을 것은 주께서 나와 함께하심이라 주의 지팡이와 막대기가 나를 안위하시나이다 시 23:4

가슴뛰는교회의 원종선 목사님이 설명하신 바와 같이, 주님이 우리의 목자여도 사망의 음침한 골짜기는 있습니다. 그러나 선한 목자 되신 주님이 함께하시면 두려움이 없습니다. 고난 중에도 안심할 수 있습니다. 고난이 와도 평안하고 원수가 공격해도 밥맛이 좋습니다. 이것이 예수를 믿는 축복입니다. 예수를 믿으면 고난이 없는 게 아니라 두려움이 없습니다.

고난 중에 기도하다 보면 때로는 고난이 해석되기도 하고, 그 의미를 깨닫기도 합니다. 그러나 모든 고난의 이유를 다 알 수는 없습니다. 이해가 안 되는 고난도 있습니다.

그때는 이해하려고 하지 말고, 그냥 넘어가야 합니다. 시험을 잘 보려면 모르는 문제는 넘어가고 아는 문제부터 풀어야 합니다. 모르는 문제를 다 풀고 나서 다음 문제를 풀겠다고 고집을 부리면 시험을 망칩니다.

인생도 그렇습니다. 이해가 안 되는 문제가 있으면 그냥 넘어가고 아는 문제부터 풀어야 합니다. 이해가 안 될 때는 하나님의 선하심을 믿고 넘어가세요.

야곱은 형 에서에 대한 두려움의 문제만 해결되면 모든 문제가 다 끝날 줄 알았습니다. 그런데 그 문제가 풀리고 나니 이제 아들들이 살인을 저질러 가문이 위기에 놓입니다. 고난의 큰 산을 하나 넘고 나니 더 큰 고난이 찾아옵니다.

인생은 고난의 연속입니다. 지금 겪는 고난이 끝난다고 인생의 고난이 다 끝난 것이 아닙니다. 그러나 하나님은 그런 야곱의 인생에 또다시 피할 길을 내시고, 기적처럼 역사하십니다.

고난은 끝이 없기에 고난보다 더 큰 은혜를 준비하고 우리를 기다리고 계시는 하나님을 끝까지 신뢰하는 것이 중요합니다. 아무리 상황이 절망적이어도 선하신 하나님께서 우리의 유익을 위해 모든 것을 사용하십니다.

우리 인생은 원수의 바람대로 되지 않습니다. 하나님의 계획대로 됩니다. 선하신 하나님께서 당신을 향한 놀라운 계획을 가지고 당신을 고난에서 건져내실 것입니다.

하나님과 함께 싸워야 한다

마귀는 창의성이 없다고 합니다. 2천 년 전이나 지금이나 마귀가 공격하는 방법은 늘 똑같습니다. 고난을 주거나, 유혹하거나, 내버려 두는 것입니다.

가만두어도 알아서 망할 사람은 마귀도 건드리지 않습니다. 고난이 없다는 것은 마귀도 신경 쓰지 않는다는 뜻이고, 고난이 있다는 것은 내가 주님 안에 잘 살고 있다는 뜻입니다.

마귀가 우리를 공격하는 이유는 하나입니다. 하나님과 멀어지게 하는 것입니다. 그것을 위해 끊임없이 짜증 나는 사람을 보내고 가슴 아픈 상황을 일으키고 화가 나는 일을 만듭니다.

"그것 봐. 하나님은 너를 사랑하지 않아. 하나님은 너에게 관심 없어"라고 말하면서 우리가 하나님을 오해하도록 속입니다. 이런 생각이 들 때는 생각을 믿지 말고 우리를 위해 아들까지 내주신 하나님을 믿어야 합니다.

낙심되고 절망스러운 상황이 있고 포기하고 싶을 때가 있지만 그렇게 되도록 내버려두면 안 됩니다. 포기해서는 안 됩니다. "낙심해! 절망해! 포기해!" 이것은 어디에서 들려오는 음성일까요? 어떤 상황에서도 낙심과 절망은 마귀의 음성입니다. 포기하는 순간 마귀가 기뻐합니다.

고난은 영적 전쟁입니다. 하나님과 싸우지 말고 하나님과 함께 싸워야 합니다. '하나님께서 내게 왜 이런 시련을 주실까?'라고 질문하기 전에 '내가 포기하면 누가 좋아할까?'라고 질문해 보세요. 마귀의 얼굴에 강력한 펀치를 날리는 것은 고난의 순간에도 하나님 편에 서는 것입니다.

어떤 상황에서도 긍정적으로 생각하고, 이기는 말을 하고, 믿음을 선포해야 합니다. 말의 싸움에서 이겨야 고난을 이길 수 있습니다. 욥이 고난당할 때 그 아내는 하나님을 욕하고 죽으라고 했지만 욥은 "우리가 하나님께 복을 받았은즉 화도 받지 아니하겠느냐"(욥 2:10)라며, 입술로 죄를 범하지 않았습니다.

…세상에서는 너희가 환난을 당하나 담대하라 내가 세상을 이기었노라 요 16:33

'다 끝났어'는 마귀가 주는 생각입니다. "강하신 주님이 내 안에 계셔! 하나님께서 내게 이길 힘을 주셨어! 그분이 나를 강하게 하셨어! 나는 이겨낼 수 있어! 지금까지 인도하신 하나님께서 이제 또 얼마나 더 놀랍게 인도하시겠어"라고 믿음으로 선포하기 바랍니다. 인생은 말하는 대로 됩니다.

이제부터 말할 때 '예수님이라면 이 상황에서 뭐라고 말씀하셨을까?'라고 생각하고 말해보세요. 원망과 불평이 습관이 되지 않고 낙심과 포기가 태도가 되지 않도록 자신의 말과 생각을 훈련하기 바랍니다.

제 할머니께서 식사 때 종종 제게 "힘들면 밥을 잘 먹어야 해. 힘이 있어야 싸워 이기지"라고 말씀하시곤 했습니다. 가난한 시절을 살아오셨기 때문에 먹는 것을 중요하게 여기셨습니다.

힘이 있어야 싸워 이기는데 무엇을 먹어야 힘이 날까요? 은혜입니다. 아무리 힘든 일도 은혜를 받고 나면 힘들지 않습니다. 그렇게 힘들다가도 예배를 통해 은혜를 받고 나면 어디에서 나오는지 알 수 없는 힘이 생깁니다. 말씀을 읽다가 한 구절의 말씀이 마음 깊이 다가오기도 하고, 찬양을 듣다가 나도 모르게 눈물이 납니다. 기도하는데 하나님의 사랑이 깊이 느껴집니다. 그러면 힘이 납니다.

고난만 묵상해서는 고난을 이길 수 없습니다. 하나님의 은혜를 붙잡아야 고난을 이길 수 있습니다. 고난의 자리에 있을 때는 고난을 묵상하지 말고, 하나님의 은혜를 붙잡아야 합니다. 고통을 견디고 고난을 넘어서게 하는 것이 은혜입니다. 언제나 하나님의 은혜가 고난을 이깁니다.

귀신 들린 딸을 둔 이방 여인이 예수님 앞에 나와 "주님, 제 딸을 살려주세요"라고 청했지만 예수님이 그녀를 개 취급하며 거절하셨습니다. 그런 예수님에게 여인은 "주님, 맞습니다. 저는 개입니다. 그러나 상아래 개들도 부스러기는 먹습니다. 주님, 제게 부스러기 은혜라도 주세요"라며 간절히 청합니다.

부모는 자녀를 위해 할 수 있나 없나를 고민하지 않습니다. 확률을 따지거나 가능성을 계산하지 않고 어떻게 해서든지 방법을 찾습니다. 이것이 부모의 마음입니다. 고난의 자리에 있을 때는 이 마음이 필요합니다.

더는 가능성을 붙들지 마세요. 확률을 따지지 마세요. 은혜를 구하세요. 은혜를 사모하며 은혜받는 자리를 사수하세요. 말씀도 보고 찬양도 듣고 기도도 하면서 은혜로 충만해지세요. 마음을 다해 예배하세요. 은혜받는 일에 최선을 다하세요. 부정적인 말로 마음을 답답하게 하는 사람을 멀리하고 은혜가 가득한 사람들을 자주 만나세요. 사람은 고난이 크다고 무너지지 않습니다. 은혜가 없어서 무너집니다.

사람이 감당할 시험밖에는 너희가 당한 것이 없나니 오직 하나님은 미쁘사 너희가 감당하지 못할 시험 당함을 허락하지 아니하시고 시험 당할 즈음에 또한 피할 길을 내사 너희로 능히 감당하게 하시느니라 고전 10:13

하나님은 우리에게 감당할 만한 시험만 허락하시고 피할 길을 준비해주시는 분입니다. 고난이 있다면 해답도 준비되었다는 것이고, 시련이 왔다면 피할 길도 예비되었다는 뜻입니다. 피할 길이 보이지 않는다는 것은 감당할 힘을 주셨다는 것입니다. 그뿐만 아니라 아무리 힘든 고난도 넉넉하게 이기게 하겠다고 약속하십니다.

그러나 이 모든 일에 우리를 사랑하시는 이로 말미암아 우리가 넉넉히 이기느니라 롬 8:37

하나님의 도우심으로 말미암아 넉넉하게 이긴다고 하십니다. 재정, 건강, 진로, 관계 등 어떤 종류의 어려움이든 상관없습니다. 우리를 도우시는 하나님께서 반드시 이기게 하십니다. 이길 수 있을지 없을지 모른다거나 겨우겨우 이기는 게 아니라 넉넉히 이깁니다. 반드시 이기고, 이기고도 남습니다.

마귀는 오늘도 우리에게 거울을 들이밀며 "너는 안 돼, 너는 틀렸어, 너는 실패자야"라고 말합니다. 그러나 하나님은 예수 그리스도 안에 있는 우리를 승리자라고 말씀하십니다.

우리 주 예수 그리스도로 말미암아 우리에게 승리를 주시는 하나님께 감사하노니 고전 15:57

고난의 자리에 있는 것이 실패처럼 보이지만 그렇지 않습니다. 예수님이 십자가에 달린 것이 실패처럼 보였지만, 십자가야말로 가장 위대한 승리입니다. 고난받는 것은 실패했다는 뜻이 아니라 승리가 기다린다는 뜻입니다.

우리의 모습이 어떠하고 몇 번을 실패하고 상황이 어떻게 흘러가든 상관없이 우리는 죽음을 이기신 예수 그리스도로 말미암아 마침내 승리합니다. 하나님이 우리를 위하시면 누가 우리를 대적하겠습니까(롬 8:31)! 하나님이 우리 편이면 무조건 이깁니다. 고난에 굴복하지 않고, 승리하신 주님과 함께 극복해내길 축복합니다.

하나님이 예비하신 소망을 바라봐야 한다

고난이 없는 그리스도인은 없지만, 영원히 고난받는 그리스도인도 없습니다. 성경은 우리가 겪는 고난을 잠깐의 고난이라고 합니다(벧전 5:10). 고난은 영원하지 않습니다. 아무리 거세어도 영원히 부는 바람은 없고, 아무리 추운 겨울도 봄을 이길 수 없습니다. 고난은 반드시 지나갑니다.

한라산을 등반한 적이 있습니다. 4시간을 걸어 올라가도 끝이 보이지 않으니 더는 걸을 힘이 없었습니다. 포기하고 내려가고 싶은데 위에서 내려오는 분이 "이제 다 왔어요", 한마디 해주십니다. 그 한마디가 제게 없던 힘을 주었습니다.

엄마들이 아이를 출산할 때 육체적으로나 정신적으로나 고통이 엄청납니다. 그러나 아이를 만난다는 기대가 고통을 참고 견딜 힘을 줍니다. 조금 편하게 아르바이트를 할 수 있는데도 굳이 힘든 막노동을 택하는 이유는 돈을 더 많이 주기 때문입니다. 하루 일당으로 100만 원을 준다고 하면 아무리 힘든 막노동도 견딜 수 있습니다. 고난이 힘든 이유는 소망이 없기 때문입니다. 정상에 오른다는 소망, 아이를 만난다는 소망, 100만 원을 받는다는 소망이 고난을 견디게 합니다.

사도 바울의 삶에는 많은 고난이 있었습니다. 억울한 일도 있었고, 계획이 실패할 때도 있었고, 죽음의 위협을 받을 때도 있었습니다. 그런 그가 고난을 이겨낸 비결은 눈앞의 고난 대신 앞으로 누리게 될 영광을 바라봤기 때문입니다. 지금 겪는 고난은 앞으로 누리게 될 영광과는 비교조차 할 수 없다는 소망이 고통스러운 상황에서도 끝까지 견디게 했습니다.

생각하건대 현재의 고난은 장차 우리에게 나타날 영광과 비교할 수 없도다 롬 8:18

많은 분이 견디기 힘든 고난을 겪고 있습니다. 큰 병에 걸리고, 부부 사이가 깨어지고, 사업이 부도 위기에 놓이는 등 모든 것이 끝난 것같이 보이는 분들이 있습니다.

그러나 상황에만 빠져 있으면 상황을 뛰어넘어 역사하시는 하나님을 볼 수 없습니다. 아프고 힘들고 서러운 고난의 자리는 머무를 곳이 아니라 지나가야 할 곳입니다. 지금 이곳은 내 운명의 끝자락이 아닙니다. 고난 끝에 영광이 기다리고 있습니다.

이스라엘 백성들이 광야를 떠돌았고 다윗도 사울에게 쫓겨 광야의 시간을 보냈지만 광야는 종착지가 아니었습니다. 하나님께서 계획하신 최종 목적지는 젖과 꿀이 흐르는 약속의 땅이었습니다. 조금만 지나면 지금 겪는 고난과는 비교조차 할 수 없는 영광스러운 날을 맞을 것입니다.

여행지에서는 숙소가 불편해도 참습니다. 며칠 자고 돌아가기 때문입니다. 이 땅에서 삶이 힘들어도 참을 수 있는 것은 돌아갈 집이 있기 때문입니다. 이 땅의 삶은 끝이 아닙니다. 우리에게 쉼과 안식이 있는 영원한 천국이 마련되어 있습니다.

우리가 여전히 고난 가운데 있는 것은 아직 집에 도착하지 않았기 때문입니다. 아버지의 집에는 고통이 없습니다. 굶주림이 없습니다. 목마름이 없습니다. 아픈 것이 없습니다. 슬픔도 없고, 죽음도 없습니다.

극심한 고난과 박해를 받는 초대 교회 성도들을 향한 하나님의 처방전은 부활의 소망이었습니다. 하나님은 사도 요한을 통해 그들에게 새 하늘과 새 땅을 보여주셨고, 그것을 소망한 수많은 그리스도인은 고난에서 뒷걸음질 치는 대신 고난 속으로 뛰어들었습니다.

불에 타 죽임당하면서도 마지막까지 예수 그리스도를 전했고, 수많은 군중 앞에서 맹수에게 살점이 뜯겨 나갈 때도 끝까지 찬송을 불렀습니다. 예수를 믿는다는 이유로 십자가에 못 박히고, 법적인 차별을 받고, 사회적으로 배척당하고, 경제적인 어려움을 겪어도 고난에서 도망치지 않았습니다.

이것이 소망의 힘입니다. 인간이 겪을 수 있는 가장 큰 고난인 죽음까지 넘어서게 하는 것이 부활의 소망입니다. 부활의 소망이 있는 사람은 고난에 지배받지 않고 고난을 초월해 살아갑니다. 지금의 형편이 어떠하든, 예수 안에 있는 당신에게 부활이 기다리고 있습니다. 예수님이 부활하셨듯 우리도 부활합니다.

사람들이 예수님을 찾는 이유는 인생의 고난을 피하고 싶기 때문입니다. 저도 그랬습니다. 제가 처음 예수님의 사랑을 알게 되었을 때 얼마나 행복했는지 모릅니다. 기도하는 시간이 너무 좋았고, 예배드리는 시간이 정말 행복했습니다. 그분이 나의 피난처가 되어주셨습니다.

그래서 목회자가 되기로 마음먹고 신학교에 가기로 했는데 그 일로 집에서 쫓겨나게 되었습니다. 잠잘 곳이 없어서 잠잘 곳을 찾아다녔고, 밥을 사 먹을 돈이 없어서 굶었고, 등록금이 없어서 휴학도 했습니다.

하나님은 고난당한 자들의 피난처입니다. 그래서 고난을 피해 주님께 왔는데, 소망 되신 주님을 만나고 나니 이제 고난이 두렵지 않습니다. 고난을 선택합니다. 이것이 신앙의 신비입니다. 어떤 시련도 무력화하는 것이 부활의 소망입니다.

고난이 축복임을 알아야 한다

고난을 가리켜 C. S. 루이스는 '주님이 주시는 변장된 축복'이라고 했고, 마르틴 루터는 '축복을 갖다주는 지름길'이라고 했습니다. 고난은 축복이라는 말이 있지만, 고난 중에 이 말을 받아들이기는 쉽지 않습니다.

고난이 쉽다는 뜻은 아닙니다. 그러나 고난 자체에 계속 머물러 있다면 원수는 더욱더 거세게 우리를 고난의 궁지로 몰아세울 것입니다. 고난을 이겨내기 위해서는 고난을 바라보는 시각을 새롭게 해야 합니다.

세상에 다 좋은 것도 없고 다 나쁜 것도 없습니다. 다 좋은 사람도 없고 다 나쁜 사람도 없습니다. 좋은 것도 나쁜 것도 함께 옵니다. 그러므로 고난이 왔을 때 무엇을 보는지가 중요합니다. 쉬운 일은 아니지만 아무리 상황이 어려워도 믿음으로 반응할 수 있는 영적인 힘이 있어야 합니다. 고난은 나쁘고 안 좋은 것으로 생각되지만 믿음은 고난 속에 담긴 축복을 발견하게 합니다. 고난에는 어떤 축복이 담겨 있을까요?

chapter 3

고난에는 어떤 축복이 담겨 있을까?

고난은 하나님을 알게 한다

히스기야 왕은 기도의 사람이었습니다. 그는 앗수르에 포위당했을 때도 기도했으며 이사야 선지자를 통해 죽음의 소식을 듣게 되었을 때도 기도했습니다. 그러나 그의 아들 므낫세 왕은 하나님을 떠나 세상을 섬기고 우상을 숭배했습니다. 그리고 쇠사슬에 매여 바벨론에 끌려가 감옥에 갇혀서야 비로소 아버지의 하나님을 떠올립니다. 고난이 찾아오자 진짜 기도하기 시작하고 그제야 여호와께서 하나님이신 줄 알게 됩니다. 고난은 잠자고 있던 우리의 영혼을 흔들어 깨웁니다.

그가 환난을 당하여 그의 하나님 여호와께 간구하고 그의 조상들의 하나님 앞에 크게 겸손하여 기도하였으므로 하나님이 그의 기도를 받으시며 그의 간구를 들으시사 그가 예루살렘에 돌아와서 다시 왕위에 앉게 하시매 므낫세가 그제서야 여호와께서 하나님 이신 줄을 알았더라 대하 33:12,13

청년 사역을 하면서 부모님들에게 자녀의 고난을 대신 치워주지 말라는 당부를 많이 했었습니다. 많은 부모가 자녀를 너무 사랑하다 보니 자녀가 힘들어하는 것을 볼 수 없어서 그 앞길에 있는 고난을 대신 치워줍니다.

그랬더니 자녀들이 하나님을 떠나갑니다. 고난이 있어야 하나님을 찾고 하나님께 기도하고 매달리면서 하나님을 만나게 되는데 고난을 모두 치워버리니 하나님을 만날 기회를 잃어버립니다. 그러니 고등학교에 들어가고 대학교에 입학하면 교회 갈 이유가 없어집니다. 엄마 아빠가 있으니 굳이 하나님이 필요 없는 것이죠.

고난은 하나님을 만날 절호의 기회입니다. 고난의 시간을 통해 성경에서 배웠던 하나님, 지식으로 알고 있었던 하나님을 비로소 알게 되고, 하나님과의 친밀함을 누리게 됩니다.

저는 부모님의 도움을 받지 못하고 신학을 하면서 하루하루 하늘의 만나를 구하며 살았습니다. 정말 문자 그대로 일용할 양식을 달라고 기도했습니다. "일용할 양식을 주옵소서"라는 이

기도가 주기도문에 포함되어 있다는 것이 얼마나 위안이 되었는지 모릅니다.

그러나 지구촌교회에서 사역하면서 이 기도가 필요 없어졌습니다. 교회가 제가 사역하는 데 어려움이 없도록 넉넉하게 사례를 해주었기 때문입니다.

2020년에 지구촌교회를 사임하고 안식년에 들어갔습니다. 그런데 코로나가 시작되면서 아내도 일할 수 없게 되었습니다. 가정의 수입이 하루아침에 다 사라졌습니다. 아내가 일을 계속한다는 생각으로 1년을 쉴 수 있는 금액을 마련해 놓았는데 6개월이 되기도 전에 잔고가 0이 되었습니다. 마이너스 통장으로 몇 달을 버텼지만 얼마 가지 않아 그마저 바닥났습니다.

그러자 잊고 있던 기도가 생각났습니다. "일용할 양식을 주옵소서!" 정말 간절하게 기도했습니다. 하나님이 천사들을 통해 일용할 양식을 채워주셨습니다. 말 그대로 일용할 양식이었습니다. 저는 가난이 싫습니다. 가난은 힘들고 고통스럽습니다. 그런데 가난했기에 일용할 양식을 위해 기도할 수 있었고, 일용할 양식을 채워주시는 하나님을 알게 되었습니다.

가난한 자는 복이 있나니 하나님의 나라가 너희 것임이요 눅 6:2

예수님 안에 있으면 가난도 복이 됩니다. 가난 덕분에 채워주시는 하나님을 알게 되었고, 일용할 양식을 구하는 이들을 위해 준비해주시는 하늘의 양식이 있다는 것을 알게 되었습니다.

그들이 구한즉 메추라기를 가져오시고 또 하늘의 양식으로 그들을 만족하게 하셨도다 시 105:40

고난의 시간을 통해서만 알 수 있는 하나님이 있습니다. 하나님은 우리가 겪는 모든 고난을 사용하셔서 자신을 드러내시고 우리를 만족시키십니다. 욥도 고난의 시간을 지난 후 "내가 주께 대하여 귀로 듣기만 하였사오나 이제는 눈으로 주를 뵈옵나이다"(욥 42:5)라고 고백했습니다. 고난은 하나님을 알게 합니다.

고난은 하나님을 주목하게 한다

'다른 사람들은 하나님께서 말씀하신다고 하는데 왜 내게는 말씀하지 않으실까?'라고 생각해본 적 있으세요? 성도들에게 "저도 하나님의 음성을 듣고 싶은데 왜 제게는 하나님의 음성이 들리지 않나요?"라는 질문을 종종 받곤 합니다.

하루는 몸이 아파서 집에 누워 있었습니다. 힘없이 축 처진 채

누워 있으니 분주했던 마음이 고요해졌습니다. 그러다 보니 평소에 들리지 않던 주변 소리가 더 또렷하게 들리기 시작했습니다. 창밖에서 우는 새소리가 들리고, 자동차 지나가는 소리가 들립니다. 작은 시계 소리가 얼마나 크게 들리는지 재깍재깍 시계 소리에 잠을 이룰 수 없었습니다.

신앙의 선배들은 하나님의 음성을 듣기 위해 광야로 나갔습니다. 광야를 가리키는 히브리어 '미드바르'는 '말씀이 들려오는 곳'이라는 뜻입니다. 광야에는 아무것도 없습니다. 아무것도 없으니 비로소 하나님을 주목하게 되고, 하나님의 음성이 들리기 시작한 것이죠.

고난은 하나님의 메가폰입니다. 일상생활에서 들리지 않던 하나님의 말씀이 고난이 찾아오면 들리기 시작합니다. 그래서 시편 기자도 이렇게 고백합니다.

고난당하기 전에는 내가 그릇 행하였더니 이제는 주의 말씀을 지키나이다 … 고난당한 것이 내게 유익이라 이로 말미암아 내가 주의 율례들을 배우게 되었나이다 시 119:67,71

하나님은 늘 우리 곁에 계시며 우리에게 말씀하시지만 우리는 고난을 겪을 때에야 더 간절히 하나님을 찾게 됩니다. 평소에 가지 않던 철야예배도 가고 새벽기도도 나갑니다. "주님, 제가 잘못했어요. 살려주세요. 저를 도와주세요"라며 하나님께 매달립니다.

평소에는 SNS, 드라마, 친구들, 우리 주변을 가득 채운 소음 때문에 하나님의 음성이 들리지 않습니다. 하나님께 주파수가 맞지 않아 하나님의 음성이 지직거리며 들립니다.

그러나 고난이라는 메가폰을 통해 하나님의 말씀이 더 명확하게 들립니다. 하나님께 주파수를 맞추자 더 선명하게 들립니다. 평범했던 말씀이 특별하게 다가오고, 목사님의 설교가 모두 내게 하시는 말씀처럼 들립니다.

이것이 고난이 주는 선물입니다. 고난은 하나님을 주목하고 그분의 말씀에 귀 기울이게 합니다. 하나님의 말씀을 더 깊이 생각하게 합니다. 내가 하나님인 것처럼 내가 중심이 되어 살다가 고난을 만나고서야 자신의 부족함을 인식하고 겸손히 그분의 음성에 귀 기울이게 된 것입니다.

고난은 내 시선이 하나님을 벗어났다는 것을 알려주는 자동 알람 시스템입니다. 그래서 고난이라는 알람이 울릴 때 하나님을 주목하고, 그분께 더 가까이 다가가고, 그 음성에 귀 기울이게 됩니다.

고난은 하나님을 닮게 한다

코로나 백신을 맞고 3일 동안 앓아누웠습니다. 열이 오르고 기침이 멈추지 않았습니다. 힘들 것을 알면서도 백신을 맞은 이유는 바이러스를 이길 힘을 얻기 위해서입니다. 삶에 이유를 모르는 고난이 있습니다. 그것은 백신 같은 고난입니다. 이 고난을 잘 이겨내면 원수의 공격을 견딜 힘을 얻게 됩니다.

이금희 아나운서가 한 인터뷰에서 "성공은 우리를 기쁘게 하지만, 실패는 우리를 성장하게 합니다"라고 말했습니다. 고난 자체를 좋아할 사람은 없습니다. 그러나 고난이 주는 유익이 있습니다. 고난은 우리를 성장시킵니다. 믿음을 단련하고, 삶을 거룩하게 하고, 하나님을 닮아가게 합니다.

안 하던 운동을 시작하면 온몸이 쑤십니다. 그러나 온몸이 쑤시는 그 시간이 근육이 강해지는 시간입니다. 편안하게 운동해서는 힘을 기를 수 없습니다. 힘이 들어야 힘이 길러집니다. 잔잔한 바다는 노련한 사공을 만들지 못합니다.

성경은 "만일 네가 보행자와 함께 달려도 피곤하면 어찌 능히 말과 경주하겠느냐 네가 평안한 땅에서는 무사하려니와 요단강 물이 넘칠 때에는 어찌하겠느냐"(렘 12:5)라고 말씀합니다. 내 삶에 고난이 크다는 것은 하나님께서 나를 말과 경주할 사람으로 키우신다는 뜻입니다. 강물이 넘치는 고난의 때를 준비하고 계신다는 뜻입니다.

우리는 고난 때문에 망하지 않습니다. 고난이 오히려 우리를 더 강하게 합니다. 요셉이 형들에게 버려지지 않았다면 애굽의 총리가 되어 이스라엘 백성들을 구원하지 못했을 것입니다. 다윗이 사자와 곰을 만나지 못하고, 거대한 골리앗을 만나지 못했다면 위대한 왕은 없었습니다.

고난은 하나님이 나를 포기했다는 사인이 아니라 나를 더 강하게 하겠다는 사인입니다. 삶에 힘든 고난이 많다는 것은 하나님께서 나를 버리셨다는 뜻이 아니라 나를 성장시키고 계신다는 뜻입니다. 고난 없이는 하나님이 원하시는 사람으로 성장할 수 없습니다. 그러니 고난을 성장의 기회로 삼으세요.

신학을 하겠다고 해서 집에서 쫓겨났을 때 처음에는 고난이 해석되지 않았습니다. 그러나 지금 돌아보니 그 시간을 통해서 하나님은 저를 하나님의 사람으로 단단하게 단련하셨을 뿐만 아니라 고난받는 자들의 마음을 공감하고 그들을 도울 수 있도록 성장시키셨습니다.

우리는 하루라도 빨리 고난에서 벗어나게 해달라고 기도합니다. 그 기도가 필요합니다. 고난에서 벗어나게 해달라고 기도해야 합니다. 그러나 고난에서 빨리 벗어나는 것에만 초점을 맞추면 안 됩니다.

우리가 힘들어하는 것을 우리보다 더 힘들어하시는 하나님께서 입술을 깨물어 가며 허락하신 고난을 헛된 시간으로 낭비해서는 안 됩니다. 고난의 시간을 역으로 이용해야 합니다.

그 시간에 힘을 키우세요. 내면의 근육을 단단하게 연단하세요. 장미꽃은 가시나무에서 피어납니다. 상처받지 않으면서 사랑할 수 없습니다. 힘들게 하는 사람이 있다면 마음의 그릇을 넓힐 기회로 삼고, 어려운 일이 주어졌다면 역량을 키울 기회로 삼으며, 미래가 불투명하다면 새로운 시작을 준비하는 기회로 삼으세요.

하나님께서 고난을 허락하신 이유는 나를 꺾으려는 게 아니라 나를 온전하게 하시려는 것입니다. 우리의 운명은 고난으로 무너지는 게 아니라 순금이 되는 것입니다. 그래서 성경은 이렇게 말씀합니다.

인내를 온전히 이루라 이는 너희로 온전하고 구비하여 조금도 부족함이 없게 하려 함이라 약 1:4

그러나 내가 가는 길을 그가 아시나니 그가 나를 단련하신 후에는 내가 순금같이 되어 나오리라 욥 23:10

인생의 불확실한 미래와 고난 앞에 절망하지 말고 인내하세요. 포기하지 말고 더 단단한 사람이 되세요. 주님께서 부족함이 없는 사람으로 빚으시는 시간임을 기억하세요. 고난을 통해 당신은 더 강해지고 깊어지고 거룩해질 것입니다.

제가 존경하는 목사님이 어느 날 "장 전도사 어디야? 우리 잠깐 만나. 내가 갈게" 하고는 저를 찾아와 한참 제 이야기를 들어주셨습니다. 그 시간만으로도 큰 위로가 되었는데 이야기를 다 마친 후 목사님이 "이걸로 학교 등록해"라며 봉투를 쥐어주고 가셨습니다. 그것을 받고 한참을 울었습니다.

제가 존경하는 분이 저를 찾아와도 이렇게 힘이 됩니다. 그런데 온 우주 만물을 창조하신 하나님께서 '나'를 위해 이 땅에 오시고, 내 모든 문제를 대신 짊어지고 나를 대신해 십자가에 달려서 죽으심으로 모든 값을 지불하셨습니다.

예수님이 십자가에서 숨을 거두실 때 땅이 진동하고 바위가 터졌습니다. 어둠이 온 땅을 덮었습니다. 이것이 하나님 아버지의 마음이었습니다.

하나님도 그 시간이 견딜 수 없을 만큼 힘들었습니다. 가슴이 떨리고, 심장이 터지고, 앞이 캄캄했습니다. 그러나 그 고난을 견디셨습니다. 고난당함으로 고난을 이기셨습니다. 바로 당신을 살리기 위해서입니다. 그 주님께서 고난받는 당신을 찾아와 지금, 이곳에 함께하십니다.

이 책을 읽고 있다는 것은 지금 다양한 고난으로 삶이 무겁게 짓눌렸다는 뜻일 것입니다. 사람들에게 배신을 당했거나 관계가 깨어지고, 사랑하는 사람을 먼저 떠나보낸 아픔을 겪을 수도 있습니다. 경제적인 어려움을 겪고 있거나 오랫동안 수고한 일들이 물거품처럼 사라져버렸을 수도 있습니다. 어느 날 갑자기 찾아온 사고로 모든 것이 멈춰버렸는지도 모르고, 법적 문제로 고소를 당했거나 중독에 매여 있거나 자녀가 방황하고 있는지도 모릅니다.

많이 힘드시죠? 그러나 당신은 혼자가 아닙니다. 하나님이 당신과 함께하십니다. 그분이 당신의 눈물을 닦아주시고 부르짖음을 들으십니다. 당신의 손을 잡고 이 길을 함께 걸어주십니다.

하나님은 모든 상황을 뒤집을 준비를 다 마치셨습니다. 억울하게 당한 고난까지 사용하셔서 그분의 영광을 나타내시고, 의미 없어 보이는 시간까지 사용하셔서 그분의 선하심을 드러내실 것입니다. 길이 되어주시고, 이길 힘을 주실 것입니다. 주님이 함께하시기에 당신은 반드시 이길 것입니다.

자, 이제 기도를 시작합시다. 하루 10분도 좋으니 구체적으로 시간을 정하고 앞으로 한 달간 2부의 기도문을 가지고 기도합시다. 여러분의 이름을 넣어서 기도해도 좋습니다. 혼자 하기보다 두세 사람과 함께 기도하고 서로 은혜를 나눕시다. 헌신을 다짐하기 위해 다음 서약서를 작성해주세요.

서 약 서

나 _____는(은)

앞으로 31일간

_____시에 기도하고

_____와 나누겠습니다.

202 년 월 일

이름_____ (사인)

PART 2

고난 중에도
기도를 따라 하자

내가 환난 중에

여호와께 부르짖었더니

시 120:1

광야를 지날 때 드리는 기도

주님, 제 영혼이 주리고 목마릅니다.
고난의 밤이 너무 깁니다.
의지했던 사람들이 떠나가고
어디 하나 기댈 곳이 없습니다.
외롭고, 괴롭습니다.

주님, 광야에 서보니
제가 할 수 있는 것이 아무것도 없고
제가 얼마나 작고 연약한지 알게 됩니다.

제가 할 수 있는 것은
그저 하늘을 바라보는 것이 전부입니다.

주님, 도와주시옵소서. 살려주시옵소서.

주님은 광야에 길을 내고
사막에 강을 내는 분이십니다.
낮에는 구름 기둥으로 인도하시고
밤에는 불기둥으로 지켜주셨습니다.
매일 아침 신선한 만나와 메추라기로 채워주셨습니다.

전능하신 주님,
이 놀라운 은혜를 제게 허락해주시옵소서.
광야를 지나는 동안
더 깊고 친밀하게 다가와 주시옵소서.

광야에서 흘리는 눈물을 닦아주시고
슬픔을 씻어주시옵소서.
고난 중에도 마음에 평안을 누리게 하시고
신비로운 손길로 저를 어루만져 주시옵소서.
주님의 자비로 저를 감싸주시옵소서.

아무리 광야 길이 힘겨워도
주님은 광야보다 더 큰 분이십니다.

언제나 가장 좋은 것을 주는 분이십니다.
이제 신세 한탄을 멈추고
원망하는 것을 멈추겠습니다.
무기력한 제 모습을 바라보며 절망하는 것을
멈추겠습니다.

힘들어도 포기하지 않겠습니다.
도망치지 않겠습니다.
힘들면 힘들수록 더 간절히 기도하겠습니다.
고단하면 고단할수록 더욱더 깨어 예배하겠습니다.

광야 길이 은혜의 길이 되게 하시고
눈물의 골짜기에서 찬양의 메아리가
울리게 해주시옵소서.
기적을 일으켜주시옵소서.

그러나 내가 가는 길을 그가 아시나니
그가 나를 단련하신 후에는
내가 순금같이 되어 나오리라

욥 23:10

주님,

제 인생이 다 끝난 것처럼 보여도

제 삶은 끝나지 않았고

광야 한복판에 버려진 것처럼 보여도

저는 결코 혼자가 아닙니다.

광야에서 헤매는 이 시간이

낭비되는 시간처럼 보이지만

오히려 더 단단해지고

더 정결해지는 시간입니다.

너무 힘들고 고통스럽기에

이 거친 땅을 하루속히 벗어나고 싶습니다.

그러나 배워야 할 것을 배우게 하시고

훈련받아야 할 것을 훈련받게 해주시옵소서.

하나님을 의심했던 마음

세상을 의지했던 태도

주변을 탓했던 생각

자신을 비난했던 말

이 모든 영적인 불순물을 깨끗이 제거해주시고
주님께서 준비하신 복을 받을 그릇으로 빚어주시고
주님께서 쓰시기에 합당한 사람으로 빚어주시옵소서.

네 하나님 여호와께서 이 사십 년 동안에
네게 광야 길을 걷게 하신 것을 기억하라
이는 너를 낮추시며 너를 시험하사
네 마음이 어떠한지
그 명령을 지키는지 지키지 않는지 알려 하심이라
신 8:2

모세도 다윗도 세례 요한도 사도 바울도
그리고 예수님도,
수많은 믿음의 선배들이
이 광야를 통해 하나님을 만나고
부르심을 확인했던 것처럼
저도 이 광야의 시간을 통해 주님을 만나기 원합니다.

광야 길을 걷는 동안
더 겸손히 저를 돌아보고
더 온전히 주님을 의지하게 해주시옵소서.

더 진실하게 주님을 사랑하고
더 순전하게 주님을 따르게 해주시옵소서.

주님,
광야 같은 인생에서 살아남는 길은
떡으로만 살지 않고
하나님의 말씀을 붙드는 것입니다.
생명의 말씀을 붙드는 것입니다.

사방을 둘러봐도 길이 보이지 않지만
주님의 말씀을 따라갈 때
어디나 길이 될 수 있습니다.

광야 길을 가는 동안
날마다 주님의 말씀을 들려주시고
주님의 뜻을 이루는 삶이 되게 해주시옵소서.
쉬운 길을 찾기보다 바른길을 걷게 해주시옵소서.

주님,
광야에 홀로 서 있을 때면
제 삶이 아무것도 아닌 것처럼 느껴지고

모든 것을 잃은 것처럼 느껴지지만

저는 수천수만 가지의 은혜를 받았고
고난보다 훨씬 더 큰 복을 받았습니다.

저는 한 호흡도 더할 수 없었지만
주님의 은혜가 막힌 숨을 뚫어주었고
주님의 도우심이 하루하루를 버티게 해주었습니다.

주님이 계셔서
고난도 복이 되었고
시련도 별이 되었습니다.

주님, 저와 함께해주셔서 감사합니다.
이제 제게 불어오는 모든 역풍은 순풍이 될 것입니다.
메마른 광야 생활도 이제 곧 끝이 납니다.
약속의 땅이 저를 기다리고 있습니다.

이제 올라갈 일만 남았습니다.
회복될 일만 남았습니다.
반드시 승리합니다.

기저이 일어납니다.
주님이 일하십니다.

주님,
광야를 지나는 동안
제 손을 꼭 잡아주시고
광야를 다 지났을 때
저를 주님으로 가득 채워주시옵소서.

광야를 통해 저를 더 아름답게 빚으시는
예수님의 이름으로 기도드립니다.
아멘.

위기의 순간에 드리는 기도

위기에 드리는 기도

주님,

주님을 사랑하는 사람들에게

왜 나쁜 일이 일어나는지

혼란스러운 마음을 가지고 엎드립니다.

자연의 무서운 재앙 앞에 모든 것을 잃었습니다.

사랑하는 사람의 예기치 못한 죽음 앞에

어떻게 해야 할지 모르겠고

의사가 들려준 갑작스러운 소식에 눈앞이 깜깜합니다.

하루아침에 직장을 잃고 재산을 잃었습니다.

사랑하는 사람마저 떠나갔습니다.

주님,
이해할 수 없는 위기 앞에 너무 당황스럽고
어떻게 해야 할지 모르겠습니다.
이 상황이 받아들여지지 않고
정신을 차릴 수 없습니다.

제 힘으로 할 수 있는 것이
아무것도 없기에
이 시간 주님을 의지합니다.
제가 의지할 분은 주님뿐입니다.

이 위기를 벗어날 방법이
제겐 주님밖에 없습니다.
제게 긍휼을 베풀어주시옵소서.

사람이 감당할 시험밖에는 너희가 당한 것이 없나니
오직 하나님은 미쁘사 너희가 감당하지 못할
시험당함을 허락하지 아니하시고
시험당할 즈음에 또한 피할 길을 내사
너희로 능히 감당하게 하시느니라

고전 10:13

주님,

주님께서 허락하신 어려움이라면

능히 감당할 힘도 주시고

피할 길도 준비해놓으셨다 약속하셨죠.

제가 감당 못 할 어려움이라면

이것은 주님께서 허락하신 고난이 아니기에

주님을 원망하지 않겠습니다.

정신을 차리고 주님을 붙들겠습니다.

주님과 함께 이 고난을 이겨내겠습니다.

침착한 마음을 주시고 평정심을 주시옵소서.

더 긍정적으로 바라보고

낙관적으로 생각하게 해주시옵소서.

주님,

제 입술에 파수꾼을 세워주시옵소서.

제 말을 하나님께서 듣고 계시지만

마귀도 듣고 있기에

"안된다, 이미 끝났다, 다 틀렸다"

이런 부정적인 말을 멈추고,

"아직 끝나지 않았다, 방법이 있다, 최선을 다해보자"
이렇게 믿음으로 말하겠습니다.

천만인이 나를 에워싸 진 친다 하여도
나는 두려워하지 아니하리이다

시 3:6

주님,
인간적인 눈으로 볼 때는 아무 소망이 없지만
제게는 하나님이 계십니다.

저는 넘어졌어도
하나님은 넘어지지 않으십니다.
저는 무너졌어도
하나님은 무너지지 않으십니다.

제게는 길이 없어도
하나님께는 길이 있고
저는 끝장난 것 같아도
하나님은 여전히 살아계십니다.

주님은 온 우주를 창조하시고
온 세상을 다스리시는 분입니다.
모든 사람을 아시고
모든 상황을 주관하시는 분입니다.

그 주님께서 저와 함께하시기에,
모든 것이 끝난 것 같아 보여도
포기하지 않겠습니다.
방법을 찾겠습니다.

누구든지 주의 이름을 부르는 자는
구원을 얻겠다고 말씀하신 주님.
제가 주님의 이름을 부릅니다.
예수 이름이 능력이고 구원입니다.
예수 이름에 소망이 있습니다.

주님의 이름을 부를 때
죽음의 골짜기 같은 이곳에서
부활의 능력을 경험하게 해주시옵소서.
생기가 불어와 마른 뼈를 살리고
군대를 이루어 승리하게 해주시옵소서.

그러나 이 모든 일에
우리를 사랑하시는 이로 말미암아
우리가 넉넉히 이기느니라

롬 8:37

주님,
눈에 보이는 것이 아무것도 없어도
저를 사랑하시는 주님을 붙들고
약속의 말씀을 붙들겠습니다.

부서지고, 깨지고, 무너진 마음을
주님께서 붙잡아 주시고
넉넉히 이기게 해주시옵소서.

이 위기를 이겨낼 방법이 주님께 있습니다.
주님께서 함께하시고
새로운 길을 준비하고 계시기에
반드시 해결될 것입니다.

주님께서 최선을 다해 방법을 찾고 계시기에
넉넉히 이길 것입니다.

주님께서 저의 고통을 아시고
저를 돌보고 계시기에
이 시간이 이제 길지 않을 것입니다.

끝이 다가오고 있습니다.
상황이 점점 더 좋아질 것입니다.
기적 같은 소식이 들려오고,
놀라운 일이 일어날 줄 믿습니다.

도울 자들이 찾아오고
반전의 역사가 일어날 줄 믿습니다.
위기가 기회가 될 것입니다.

주님,
기도한 대로 응답받지 못해도
저는 낙심하지 않겠습니다.

하나님의 자녀는 절대 망하지 않는다는
이 말씀을 붙들고
끝까지 주님과 함께 견뎌내겠습니다.

하나님을 찾을 힘조차 없는 위기의 순간에
하나님께서 직접 찾아와 씨름하시고
실패한 야곱을 승리자 이스라엘로 바꿔주신 것처럼

오늘 위기 앞에 있는 제게 찾아와
기도의 씨름을 걸어주시고
새로운 삶을 허락하실 줄 믿습니다.
최악의 상황이 극적인 순간으로 바뀔 줄 믿습니다.

가장 나쁜 상황조차 가장 놀라운 기회로 만드시는
예수님의 이름으로 기도드립니다.
아멘.

일이 잘 풀리지 않을 때의 기도

일이 풀리지 않을 때

주님,

일이 기대했던 것처럼 풀리지 않아

마음이 답답합니다.

이유를 알 수 없으니 더 막막하고

시간이 흐를수록 더 조급해집니다.

어디서부터 시작해야 할지 모르겠고

다시 시작할 의욕마저 잃어버렸습니다.

살아온 날들이 후회되고,

사는 것이 무기력하게 느껴집니다.

제 삶이 원망스럽습니다.

일이 풀리지 않을 때
초심으로 돌아가게 해주시옵소서.
왜 이 일을 시작했는지
무엇을 위해 이 일을 하고 있는지
어디를 향해 달려가고 있는지
다시 기억하게 해주시옵소서.

일이 잘 풀리지 않을수록 마음의 여유를 가지고
한 발짝 뒤로 물러나 상황을 보게 해주시옵소서.

너무 많은 것을 생각하지 않고
오늘 주어진 자리에서 한 번에 한 가지씩
지금 할 수 있는 일에 집중하게 해주시옵소서.

주님,
일이 생각대로 풀리지 않아도
수고하고 땀 흘린 지난 시간을 후회하거나
걸어온 길을 후회하지 않겠습니다.
일이 잘 풀리지 않아도
희망의 끈을 놓지 않고
더욱더 믿음을 사용하겠습니다.

주님께서 여전히 일하고 계시고
가장 아름답게 완성하실 것을
상상하고 바라보겠습니다.

주님,
주님께서 끝이라고 말씀하지 않으셨는데
어떻게 제가 끝이라고 단정 짓겠습니까.
저는 하나님의 때가 되었을 때
놀라운 일이 일어날 줄 믿습니다.
그 순간이 이제 곧 일어날 줄 믿습니다.
오늘이 그날이 될 줄 믿습니다.

일이 마음대로 되지 않아도
오늘의 이 소중한 시간을 더 가치 있게 사용하겠습니다.
일이 뜻대로 되지 않을 때 저를 더욱더 응원하겠습니다.

일이 의도대로 흘러가지 않을수록
제 삶을 더 축복하겠습니다.
일이 생각대로 되지 않을 때일수록
나는 하나님의 자녀라는 사실을 선포하겠습니다.

주님,
주님께서 허락하신 고난이라면
분명히 주님의 선한 의도가 있기에
지금 이 일로 제 인생이 끝장나지 않습니다.
더 이상 감정적으로 반응하지 않겠습니다.
모든 것이 끝난 것처럼 절망하지 않겠습니다.

오히려 더욱더 힘써
하나님의 자녀답게 말하고
하나님의 자녀답게 생각하고
하나님의 자녀답게 행동하겠습니다.

보이는 것만 보지 않고
하나님의 선하심을 바라보겠습니다.
절망적인 생각을 멈추고
하나님의 더 큰 뜻을 신뢰하겠습니다.
부정적인 말을 끊고
하나님의 말씀을 선포하겠습니다.

일이 잘 풀리지 않을 때
주님께 더 힘써 매달릴 것입니다.

일이 계획대로 되지 않을수록
더 간절히 부르짖겠습니다.
길이 보이지 않을 때는
더 뜨겁게 기도하겠습니다.

주님께서 말씀하시고
주님께서 응답하실 때까지
기도의 무릎을 꿇겠습니다.
포기하지 않고 엎드리겠습니다.

주님,
기도 중에 주신 마음은
주님의 음성으로 알고 순종하겠습니다.
왠지 모르게 마음이 끌린다면
이끄시는 대로 따르겠습니다.
지금 마음속에 떠오르는 말씀을
주님께서 주신 말씀으로 붙잡겠습니다.

고민만 하고 생각만 하다가
하나님께서 주신 소중한 기회를 놓치지 않게 하시고
순종으로 기회를 붙잡게 해주시옵소서.

진실로 너희에게 이르노니

무엇이든지 너희가 땅에서 매면 하늘에서도 매일 것이요

무엇이든지 땅에서 풀면 하늘에서도 풀리리라

마 18:18

주님,

매는 것도 제가 하는 것이고

푸는 것도 제가 하는 것입니다.

이제부터 매는 말을 멈추고

푸는 말을 하며 살겠습니다.

오 주님,

예수 그리스도의 이름에 놀라운 능력이 있습니다.

이 시간 그 이름의 능력으로 선포합니다.

예수 그리스도의 이름으로 명하노니

오늘 내 인생을 묶고 있는 모든 묶음은 풀어질지어다.

예수 그리스도의 이름으로 명하노니

나의 걸음을 묶고 있는 모든 사슬은 끊어질지어다.

예수 그리스도의 이름으로 명하노니
건강의 묶임이 풀릴지어다.
재정의 묶임도 풀릴지어다.
가정의 묶임도 풀리고 사업의 묶임도 풀릴지어다.

모든 일이 예수의 이름으로 풀릴지어다.
풀릴지어다.
풀릴지어다.

예, 주님.
이 시간 예수 이름의 능력이
우리의 모든 묶임을 풀어냈습니다.

일이 풀리기 시작합니다.
뜻하지 않은 곳에서 연락이 오고
기도했던 문제들이 해결됩니다.

새로운 아이디어가 떠오르고
새로운 만남이 시작되고
새로운 일들이 일어납니다.

꿈꾸던 일들이 이루어지고
새로운 꿈들을 꾸게 됩니다.
상상할 수 없는 놀라운 일들이 이루어집니다.

주님,
풀어주셔서 감사합니다.
뚫어주셔서 감사합니다.

저희의 모든 묶임을 풀어내시는
예수님의 이름으로 기도드립니다.
아멘.

원망과 탄식의 기도

◆◆

하나님이 원망스러울 때가 있었나요? 그때 어떻게 하셨나요? 우리는 하나님을 향해 원망과 탄식의 기도를 드려도 될까요?

시편에는 하나님을 향한 탄식의 기도가 여러 편이 있습니다.

하나님을 향한 원망과 탄식의 기도는 하나님의 존재를 부인하는 것이 아니라, 오히려 하나님의 존재를 인정하고 그분의 성품을 신뢰하는 사람이 할 수 있는 기도입니다.

물론 원망이 삶의 태도나 습관이 되어서는 안 됩니다.

그러나 이해할 수 없는 고난의 시간에 우리는 하나님을 향한 원망스러운 마음과 탄식을 기도로 고백할 수 있어야 합니다.

우리의 기도를 들으시는 하나님은 기도를 통해 우리 안에 있는 원망과 탄식을 감사와 기쁨으로 변화시켜 주십니다. 그 크신 하나님을 신뢰하며 우리의 진실한 마음을 솔직하게 하나님께 고백합시다.

하나님,

어떻게 이럴 수 있어요.

어떻게 이런 일이 있을 수 있어요.

도대체 제게 왜 이러세요.

도저히 이해되지 않아요.

제가 어떻게 받아들여야 하나요.

하나님, 제 기도를 듣고 계시나요?

하나님, 왜 제 기도를 외면하시나요.

왜 제 기도에 응답하지 않으시나요.

왜 제게서 얼굴을 돌리셨나요.

하나님, 저를 잊으셨나요?

하나님, 오늘은 하나님이 너무 멀게 느껴져요.

하나님께서 저를 버리신 것처럼 느껴지고

제게 아무 관심이 없으신 것처럼 느껴져요.

하나님, 제가 이렇게 고통스러운데

주님은 지금 무엇을 하고 계시나요.

제가 이렇게 힘든데 어디 계시나요.

제 기도를 듣고 계시나요.

제가 언제까지 울어야 하고,
언제까지 이렇게 고통받아야 하나요.

주님,
지금 저는 거친 폭풍 속에
맨몸으로 내동댕이쳐진 것 같아요.

지금 이렇게 힘든데
주님, 제가 누구를 붙잡고 말해요.
제가 어디 가서 하소연해요.

주님,
저의 탄식에 귀 기울여주시고
제 기도를 들어주세요.
제발 그만 숨어 계시고 이제 응답해주세요.

불안하고 두려운 제 마음을 주님은 아시죠.
억울하고 답답한 제 심정을 주님은 아시죠.
속상하고 원통한 제 마음을 주님은 아시죠.
제발 제 마음을 헤아려주시고 위로해주세요.

하나님의 도우심이 없이는
지금 이 상황을 받아들이기가 너무 힘들어요.

너무 힘들어서 기도도 나오지 않고,
너무 아파서 눈물조차 나오지 않아요.

저를 불쌍히 여겨주시고, 긍휼히 여겨주세요.
저를 붙잡아 주시고, 제발 저를 살려주세요.

하나님, 너무 억울하고 너무 화가 나요.
힘이 없다고 함부로 하고
가난하다고 업신여긴 그 사람이 용서가 안 돼요.

저의 억울함을 풀어주세요.
저의 원수를 갚아주세요.
하나님께서 직접 심판해주세요.

하나님의 눈을 두려워하지 않고
하나님의 귀를 두려워하지 않는
저 양심 없는 자들을
주님께서 직접 심판해주세요.

저 원수들의 모든 불의를 드러내시고
수치를 당하게 해주세요.
애를 써도 열매가 없게 하시고
수고해도 더 가난해지게 해주세요.

도와달라고 소리쳐도 도울 자가 없게 하시고
피할 곳을 찾아도 피할 곳이 없게 해주세요.

하루하루가 고통스럽게 하시고
순간순간이 탄식과 후회로 차게 해주세요.
한 가닥 남은 소망도 끊어주시고
땅속까지 낮아지게 해주세요.

더러운 말로 가득한 저들의 혀를 묶으시고
폭력이 가득한 저 입술을 막아주세요.
자신의 작은 이익을 위해 거짓을 일삼는
저들의 행위를 다 드러내 주세요.

자신의 욕심을 채우기 위해
은밀한 곳에서 행한 모든 일이
다 드러나게 해주세요.

사람들 뒤에서 했던 모든 험담을 다 들춰내 주세요.

자신의 야망을 위해
다른 사람의 인생을 너무도 쉽게 망가뜨리는
저 악한 자들을 주님께서 끌어내려 주세요.

다시는 다른 사람에게 위협이 되지 못하도록
가진 모든 것을 빼앗아 주세요.

저 원수들을 깨끗이 멸해주시고
자자손손 유리하며 구걸하게 해주세요.
하나님께서 혼쭐을 내주세요.

하나님,
저는 하나님이 선하신 분이라는 것을 알아요.
하나님께는 분명히 뭔가 다른 계획이 있다는 것을 알아요.

하나님께서 탄식하는 제 기도를 다 듣고 계시고
그런 저를 위해 말할 수 없는 탄식으로
기도하고 계시는 것을 알아요.

그래서 주님 앞에 왔어요.
제가 의지할 분은 주님밖에 없어요.
저는 주님만 믿고 있어요.

주님,
이제 일어나 역사해주세요.
이제 모든 일을 정리해주세요.
모든 상황을 종결시켜주세요.

주님,
더 이상 닫힌 문을 바라보며 탄식하지 않겠습니다.
열린 문을 바라보며 나아가겠습니다.

원수들을 생각하며 힘 빼지 않겠습니다.
주님을 바라보며 다시 일어서겠습니다.

자기 연민에 빠져 원망하며 시간을 낭비하지 않겠습니다.
하나님의 도우심을 바라보며 다시 꿈을 꾸겠습니다.

제가 당한 억울한 일에 파묻혀
인생을 허비하지 않겠습니다.

주님께서 행하실 일들을 바라보며 기뻐하겠습니다.

찬양의 자리를 다시 회복하고
예배의 제단을 다시 세우겠습니다.
힘들어도 기도하고 힘을 내서 기도하겠습니다.

주님, 저의 영혼을 붙들어 주시고
주님의 사랑으로 저를 품어주세요.

하나님, 제가 하나님을 원망했지만
그래도 제가 주님을 사랑하는 줄 주님은 아시죠.

주님, 이런 저를 사랑해주셔서 감사합니다.
주님을 찬양합니다.

한숨과 탄식과 원망조차도 다 받아주시는
예수님의 이름으로 기도드립니다.
아멘.

넘어졌을 때 다시 일어서는 기도

다시 일어서는 기도

주님,

주저앉고 싶습니다.

포기하고 싶습니다.

이제는 수건을 던지고 제 삶의 링에서 내려오고 싶습니다.

넘어진 제 손을 잡아줄 이가 아무도 없고

더는 한 걸음도 내디딜 수 없을 것 같은데

뒤돌아설 수도 없는 처지에 눈물이 납니다.

그러나 주님,

넘어지지 않고 걸음을 배운 사람이 어디 있겠습니까.

누구나 넘어지면서 배우고, 넘어지면서 성장합니다.

주님,
넘어지는 것을 부끄러워하지 않고
두려워하지도 않게 해주시옵소서.

넘어지지 않는 것보다 중요한 것은
넘어졌을 때 다시 일어서는 것이오니
걸어가고 달려가기 전에
잘 넘어지는 법을 배우게 하시고
다시 일어서는 법도 배우게 해주시옵소서.

다시 일어설 수 있고 포기하지만 않는다면
넘어진 것은 실패가 아닙니다.
넘어질 때마다 다시 일어서는 오뚜기처럼
제가 주님의 오뚜기가 되게 해주시옵소서.

저의 힘으로 일어설 수 없을 때
도움을 받는 것을 부끄러워하지 않겠습니다.

인생의 비바람 속에서 넘어지고 쓰러져도
지나간 모든 실패는 잊고
다시 일어설 용기를 주시고

시간이 걸리더라도
포기하지 않고 다시 일어서서
새로운 꿈을 꾸게 해주시옵소서.
꿈을 향해 나아가게 해주시옵소서.

주님,
절망의 구덩이에 빠져 있을지라도
하늘이 열려 있음을 기억합니다.

나는 안 된다는 거짓된 믿음을 깨뜨려주시고
나는 실패자라는 오래된 사슬을 끊어주시옵소서.
저를 묶고 있는 모든 실패의 기억을 지워주시고,
자기 연민의 덫에서 빠져나오게 해주시옵소서.

주님께서 행하셨던 놀라운 일들을 기억합니다.
신실하신 주님께서 행하실 일들을 신뢰합니다.

그는 넘어지나 아주 엎드러지지 아니함은
여호와께서 그의 손으로 붙드심이로다

시 37:24

"사랑하는 아들아, 사랑하는 딸아
넘어져도 괜찮아.
넘어지지 않는 삶이 어디 있겠니.

너무 힘들면 조금 쉬어도 괜찮아.
도움이 필요하면 나의 손을 잡아.
내가 너를 붙잡아 줄게.

내 딸아, 내 아들아, 괜찮아.
다시 일어서면 되는 거야.
다시 시작하면 되는 거야.
너는 실패자가 아니야.
실패한 것처럼 보이는 이 시간을 통해
배워가고 성장하는 거야."

주님,
넘어졌다고 불평하지 않겠습니다.
넘어졌다고 주변을 탓하지 않겠습니다.
넘어졌다고 하나님을 원망하지 않겠습니다.
넘어졌어도 다시 일어서면 그만입니다.

하나님께서 모든 것을 회복시켜주시고
모든 것을 제자리로 되돌려 주시리라 믿고
낙심하지 않겠습니다.
감사하겠습니다.

주님,
지금 주저앉은 이 자리는 제 삶의 종착지가 아닙니다.
툴툴 털고 일어서겠습니다.
가슴이 아파도 포기하지 않겠습니다.
눈물이 나도 멈춰 서지 않겠습니다.

벽에 부딪힌 것 같을지라도
밟고 일어서서
제 삶의 새로운 계단으로 만들겠습니다.
고난에 당당히 맞서겠습니다.
묵묵하게 또 한 걸음을 내딛겠습니다.
저의 부족함을 바라보며 실망하기보다
주님의 은혜를 바라보며 소망하겠습니다.

우리 주님께 불가능이란 없습니다.
우리 주님께는 포기란 없습니다.

주님은 절대 포기하지 않는 분이십니다.
주님께서 포기하지 않으시기에
저도 포기하지 않겠습니다.

주님,
제게 다시 일어설 기회를 주시고
다시 시작할 기회를 주시옵소서.
한 번만 더 기회를 주시옵소서.

대저 의인은 일곱 번 넘어질지라도
다시 일어나려니와

잠 24:16

주님,
넘어지고 깨지고 부서져도
끝까지 포기하지 않고
다시 일어서는 열정을 주시고
다시 도전할 용기를 주시옵소서.

이 시련을 통해 더욱더 강해지고
단단해지게 해주시옵소서.

제게도 새로운 계절이 찾아오게 하셔서
마침내 꽃을 피우고 열매를 맺게 해주시옵소서.

크신 주님께서 도와주시기에
얼마든지 다시 일어설 수 있습니다.
반드시 일어서게 됩니다.
이 또한 지나갑니다.

다시 일어서는 저를 통해
주님의 크심을 나타내시고
주님의 영광을 드러내 주시옵소서.

넘어진 자들을 다시 일으켜 세우시는
예수님의 이름으로 기도드립니다.
아멘.

영적 침체를 극복하는 기도

영적 침체 극복

주님,
어느새 말씀과 너무 멀어졌고
기도할 힘도 잃어버렸습니다.
주님을 처음 만났던 그날의 감격은 사라졌고
중심을 잃어버린 예배는 형식만 남았습니다.

기도해도 응답이 없습니다.
하나님이 안 계신 것 같고
하나님을 믿는 것이 어리석어 보이기까지 합니다.

잘못되었다는 것도 알고
이렇게 살면 안 된다는 것도 알지만

벗어날 의지를 잃어버렸고 일어설 힘도 없습니다.
마음이 텅 빈 것 같고 삶이 무감각해져 버렸습니다.

주님,
이 시간 영적 침체에 빠져
영혼의 어두운 밤을 지나고 있는
성도를 위해 기도합니다.

주님,
저희에게는 이 깊은 수렁에서 빠져나갈 힘이 없습니다.
주님께서 건져주지 않으시면 벗어날 방법이 없습니다.
애를 쓰면 쓸수록 어둠은 더 깊어갑니다.

주님을 붙들었던 믿음이 끊어지고
마귀의 공격 앞에 흔들리고 무너진
저희를 건져주시옵소서.
이제 자책하는 것을 멈추고
회개의 자리로 나아갑니다.

주님, 저희는 모두 죄인입니다.
하나님을 찾지 않았습니다.

내 마음대로 살고 싶었습니다.
하나님을 멀리했습니다.
그러면 더 자유로울 줄 알았습니다.
하나님을 사랑하지 않았습니다.
다른 사랑을 원했습니다.

탕자의 마음으로 주님께 돌아갑니다.
저희를 용서해주시옵소서.
이제는 죄를 미워하겠습니다.
죄에서 멀어지겠습니다.
주님께 붙들리겠습니다.
주님, 도와주시옵소서.

주님,
저희는 길을 잃었어도
주님께서 길이 되어주시고,
혼자인 것 같을지라도
여전히 주님께서 함께하시며,
모든 것이 끊어진 것 같아도
생명 되신 주님께서
저희를 붙들고 계신다는 것을 기억합니다.

"사랑하는 아들아, 사랑하는 딸아
너는 내 아들이야, 너는 내 딸이야.
네가 나의 자녀라는 것을 잊었을 때라도
너는 내 아들이고 내 딸이야.

네 삶의 자리에 내가 전혀 느껴지지 않아도
그래도 너는 내 아들이고 내 딸이야.
네가 무너지고, 부서지고, 망가졌을 때
그때 너는 더욱더 내 아들이고 내 딸이야."

하나님,
하나님의 사랑은 조건에 따라 변하는 사랑이 아닙니다.
상황이 달라져도 하나님의 사랑은 달라지지 않습니다.
아무리 시간이 흘러도
하나님의 사랑은 변함이 없습니다.
하나님의 사랑은 끝이 없습니다.
하나님의 사랑은 영원합니다.

저희를 하나님에게서 멀어지게 하는 그 어떤 것도
결코 하나님의 사랑에서 저희를 끊어낼 수 없습니다.

제가 저 자신에게 실망할 때도
하나님은 결코 저를 포기하지 않으시며
여전히 저의 아버지십니다.

하나님께서 죄인 된 저희를 사랑하신다는
이 진리는 변함이 없습니다.

주님,
이제 지난날의 잘못을 떠올리며
후회하는 것을 멈추겠습니다.
주님께서 행하신 일들을 기억하며
주님을 찬양하겠습니다.

이미 용서받은 죄를 들춰내
다시 정죄하는 것을 반복하지 않겠습니다.
십자가의 용서를 선포하겠습니다.

상황을 바라보며 낙심하지 않겠습니다.
주님을 바라보며 기뻐하겠습니다.
부정적인 생각을 멈추겠습니다.
하나님의 말씀을 붙들겠습니다.

우울한 감정을 신뢰하지 않겠습니다.
하나님의 약속을 신뢰하겠습니다.

막연히 미래를 두려워하지 않겠습니다.
주님과 함께 내일을 꿈꾸겠습니다.
더는 염려하고 근심하고 후회하지 않겠습니다.
기뻐하고, 감사하고, 찬양하겠습니다.

주님의 사랑이 느껴지지 않고
주님의 임재가 느껴지지 않을지라도
주님께 나아가겠습니다.

머릿속에 떠오르는 단어가 전혀 없어도,
할 말을 잃어버린 저희의 탄식을
기도로 바꿔주실 주님을 신뢰하며
마음의 무릎을 꿇겠습니다.

하나님,
제 안에서 들려오는 소리 때문에 제가 무기력해집니다.
이제 제 안에서 들려오는 소리를 멈추고
제 영혼을 향해 선포하겠습니다.

내 영혼아,
어찌하여 낙심하며 어찌하여 불안해하느냐.
이제 하나님을 바라라.
구원의 하나님, 소망의 하나님,
이 깊은 수렁에서 건져 올리실 하나님을 바라보라.

주님,
이 시간 주님께 달려갑니다.
소망의 주님께 달려갑니다.
위로의 주님께 달려갑니다.

저를 받아주시고 회복시키는
주님께 달려갑니다.
모든 어둠을 몰아내고 새날을 주실
주님께 달려갑니다.

제 삶의 주인은 하나님이십니다.
하나님이셔야 합니다.
다시 하나님을 저의 중심에 모셔 들입니다.
다시 하나님의 은혜 안에 들어가게 해주시옵소서.
다시 하나님의 임재 안에 머물게 해주시옵소서.

다시 하나님의 음성을 듣게 하시고,
다시 믿음의 길을 걸어가게 해주시옵소서.

이 시간
주님 앞에 머리 숙인 성도들의
모든 무력감은 사라지고
다시 하나님으로 가슴 뛰게 해주시옵소서.
하나님을 향한 사랑이 더 깊어지게 하시고
하나님을 경외하는 마음을 주시옵소서.
내면 깊은 곳까지 생명의 빛을 비춰주시옵소서.

영혼의 깊은 밤을 지나는 저희에게
새 아침을 여시는 예수님의 이름으로 기도드립니다.
아멘.

후회하지 않는 삶을 살기 위한 기도

주님,

이 땅의 삶을 다하고

이 세상과 이별하는 시간이 다가왔을 때

후회하지 않는 삶이 되고 싶습니다.

주님 앞에 설 때 부끄럼 없이,

아쉬움 없이 서고 싶습니다.

그러기 위해

주님께서 허락하신 오늘의 시간을

제 생의 마지막 순간인 것처럼

소중히 여기며 살게 해주시옵소서.

지금, 이 순간을 온전히 살게 해주시옵소서.

사랑하는 사람들에게 사랑한다 말 한마디 못 하고
이 세상을 떠나야 한다면 그건 너무 슬픈 삶입니다.

주님,
살아있는 동안 한 번이라도 더 사랑한다고 고백하고
미안할 때는 미안하다고
고마울 때는 고맙다고
솔직하게 마음을 고백하며 살게 해주시옵소서.

한 번뿐인 삶인데
사람들의 시선 때문에 혹은 상황이나 환경 때문에
어쩌면 지나친 열등감으로 자신의 꿈을 포기한 채
인생을 낭비하지 않게 주시옵소서.

쓸데없는 걱정으로 시간을 낭비하지 않고
하루하루 꿈꾸듯 살아가게 해주시옵소서.

정말 하고 싶은 일을 하고
정말 가고 싶은 그 길을 가는
용기와 은혜를 주시옵소서.

이루고 싶은 꿈을 위해
과감하게 도전하고 노력하는
아름다운 삶이 되게 해주시옵소서.

주님,
들어도 듣지 못하고
보아도 보지 못하는 삶이 있습니다.
그것은 교만으로 사는 삶입니다.
저 잘난 맛에 사는 삶입니다.

무언가를 바라볼 때는
제 생에 처음 보는 것 같은 호기심으로 바라보고
누군가의 이야기를 들을 때는
제가 꼭 들어야 할 말을 듣는 것처럼
겸손한 마음으로 듣게 해주시옵소서.
많은 사람이 이야기한다면
한 번은 더 생각해보는
지혜로운 마음 또한 주시옵소서.

주님, 이제는
조금 더 너그러운 마음으로 살고 싶습니다.

따뜻한 마음의 온도를 유지하면서
친절을 베푸는 삶을 살고 싶습니다.

제가 머물렀던 자리를 바라보며
사람들이 미소 지을 수 있는 삶,
제 욕심을 조금은 내려놓고
옆에 있는 누군가에게
그래도 여전히 인생은 아름답다
느낄 수 있게 해주는 삶을 살고 싶습니다.

아등바등 살면서
사랑하는 사람들에게 상처 주는 삶을
이제는 멈추게 해주시옵소서.

제 삶을 인도하시고 모든 필요를 채우시는
하나님을 신뢰하며
불안한 마음과 조급한 마음을 내려놓고
여유롭게 살아가는 은혜를 주시옵소서.
마음속의 화를 가라앉히고
느긋한 마음으로 살아가는 은혜를 주시옵소서.

주님,
어린 시절 운동장을 함께 뛰놀던 친구가 생각납니다.
제 실수를 조용히 덮어준 선생님의 얼굴이 떠오릅니다.
오랜 시간 곁을 지켜주었던 가족들이 보고 싶습니다.

보고 싶은 사람들의 연락을 기다리는 것이 아니라
먼저 연락하고 먼저 찾아가
보고 싶었다고 고백할 용기를 주시옵소서.

일이 중요하지만 인생의 전부가 될 순 없습니다.
사랑하는 사람들과 함께
먹고 싶었던 음식도 먹고
가보고 싶은 여행도 다니면서
아름다운 추억을 만드는 기쁨을
누리게 해주시옵소서.

주님,
복된 가정을 이루는 것은
이 땅을 살아가는 소중한 이유입니다.
사랑하는 사람과 함께 사는
결혼의 기쁨을 누리고

자녀가 주는 행복을 맛보고
자녀의 삶을 응원하는 수고를 경험하는 것은
돈으로도 살 수 없는 행복입니다.

이 행복을 누리는 은혜가
제게도 있게 해주시옵소서.

주님,
100년은 넘게 사용해야 할 몸을
너무 함부로 다뤘습니다.
건강할 때부터 건강을 돌보는 지혜를 주시옵소서.
해로운 음식을 멀리하고
규칙적인 생활을 통해
활기 넘치는 삶을 살게 해주시옵소서.

인생의 성공과 실패에
지나치게 연연하지 않게 해주시옵소서.
성공도 실패도 모두 소중한 삶의 경험입니다.
실패를 두려워하지 않고
도전하는 삶이 되게 해주시옵소서.

건강한 생각이 주는 축복이 얼마나 큰지
아름다운 말이 주는 축복이 얼마나 놀라운지 알고,
환한 미소가 주는 축복이 얼마나 위대한지
하나님을 경외하는 삶이 얼마나 복된지 아는
지혜를 주시옵소서.

사랑하는 주님,
죽음 저 너머에서
주님께서 저를 기다리고 계심을 압니다.
죽음이 주는 두려움이 아니라
주님을 만나는 설렘으로 죽음의 문을 열게 하시고
후회 없이 인생의 문을 닫을 수 있도록
순간순간 최선을 다해 살아가게 주시옵소서.

주님, 사랑합니다.

우리의 처음과 끝이 되시는
예수님의 이름으로 기도드립니다.
아멘.

고난의 시간에
하나님의 음성을 듣는 기도

하나님의 음성

주님,

제게 고난을 주시는 분이 하나님이신가요?

제가 지금 주님께 벌을 받는 건가요?

근신하라 깨어라

너희 대적 마귀가 우는 사자같이

두루 다니며 삼킬 자를 찾나니

벧전 5:8

"사랑하는 아들아, 사랑하는 딸아

네가 무너지는 것을 보며 누가 기뻐하겠니.

너를 공격하고 무너뜨리는 자는 내가 아니라 마귀란다.

마귀가 너와 나 사이를 갈라놓기 위해
끊임없이 나를 오해하게 할 텐데
네가 싸워야 할 상대는 내가 아니라
마귀라는 것을 기억하렴.
내가 네 편이라는 것을 믿어야 해.

나와 싸우면 안 되고 너 자신과 싸워도 안 된단다.
너를 사랑하는 사람들과 싸워서도 안 돼.
누구와 싸워야 할지 잘 생각하렴."

여호와의 말씀이니라
너희를 향한 나의 생각을 내가 아나니
평안이요 재앙이 아니니라
너희에게 미래와 희망을 주는 것이니라
렘 29:11

"사랑하는 딸아, 사랑하는 아들아
내가 너에게 주는 것은 재앙이 아니라 평안이야.
나는 어떻게 하면 네가 행복하고 잘 살 수 있을지
그 생각으로 가득하단다.
나는 네게 밝은 미래와 희망을 주는 너의 하나님이야."

주님,

이제 고난의 시간에 하나님을 원망하거나

저 자신을 자책하지 않겠습니다.

고난받는 사람들을 함부로 판단하지 않겠습니다.

주님과 함께 마귀를 대적하겠습니다.

◆

주님,

제 삶에는 왜 이렇게 고난이 많나요.

의인은 고난이 많으나

여호와께서 그의 모든 고난에서 건지시는도다

시 34:19

"사랑하는 아들아, 사랑하는 딸아

삶에 고난이 있다는 것은 네가 내 자녀라는 증거야.

마귀가 누구를 공격하겠니.

그러나 걱정하지 마.

내가 모든 고난에서 너를 건져낼 거야.

내가 너를 반드시 지켜낼 거야."

◆

주님,

제 인생은 이제 어떻게 되나요.

이렇게 끝인가요?

네가 물 가운데로 지날 때에 내가 너와 함께할 것이라

강을 건널 때에 물이 너를 침몰하지 못할 것이며

네가 불 가운데로 지날 때에 타지도 아니할 것이요

불꽃이 너를 사르지도 못하리니

사 43:2

"사랑하는 딸아, 사랑하는 아들아

걱정하지 마라.

네가 물을 지날 때 내가 너와 함께할 거야.

강을 건널지라도 네가 빠지지 않고

불을 지날지라도 너는 타지 않을 거야.

누구도 너를 해하지 못하고

네 인생을 망가뜨리지 못할 거야.

지금 이곳은 네가 끝날 자리가 아니야.

너는 가던 길을 계속 가면 돼."

우리가 알거니와 하나님을 사랑하는 자
곧 그의 뜻대로 부르심을 입은 자들에게는
모든 것이 합력하여 선을 이루느니라

롬 8:28

"사랑하는 아들아, 사랑하는 딸아
네게 일어난 이 모든 일을
내가 좋은 일이 되게 할 거야.
나쁜 일조차도 최선이 되게 할 거야.
이 모든 일이 은혜였다고 고백하게 될 거야."

◆

주님, 두려워요. 무서워요. 너무 힘들어요.

이는 보좌 가운데에 계신 어린양이
그들의 목자가 되사 생명수 샘으로 인도하시고
하나님께서 그들의 눈에서 모든 눈물을 씻어주실 것임이라

계 7:17

"사랑하는 아들아, 사랑하는 딸아
네가 얼마나 괴롭고 힘든지 내가 알아.

네가 흘린 눈물을 내가 다 기억하고 있단다.
지금은 네 눈에 눈물이 가득하지만
내가 너의 모든 눈물을 씻어줄 거야.

밤새 슬퍼했던 네가
춤을 추며 기뻐하게 될 거야.
그렇게 힘들었던 일들이
아무것도 아닌 것처럼 느껴질 거야.
그날이 곧 오게 될 거야."

너는 그들을 두려워하지 말라
너희의 하나님 여호와
곧 크고 두려운 하나님이
너희 중에 계심이니라
신 7:21

"사랑하는 딸아, 사랑하는 아들아
두렵고 불안하지.
그래, 두렵고 불안한 것이 당연한 거야.
그러나 넌 이겨낼 거야.
내가 누구니.

온 우주를 창조한 내가 너의 하나님이야.
크고 두려운 나 여호와가 너와 함께 있어."

◆

주님, 어디 계시나요.
왜 저를 도와주시지 않나요.

내가 알거니와 여호와는
고난당하는 자를 변호해주시며
궁핍한 자에게 정의를 베푸시리이다

시 140:12

"무슨 소리니.
네가 별을 보지 못한다고 별이 사라졌겠니.
달을 볼 수 없다고 달이 없어졌겠니.
네 느낌과 상관없이 나는 언제나 너와 함께 있단다.
내가 너의 변호사가 되어서 너를 대변하고
판사인 내가 네 마음을 시원하게 할 거야."

◆

주님, 주님께는 방법이 다 있죠?

내가 사자를 네 앞서 보내어
길에서 너를 보호하여
너를 내가 예비한 곳에 이르게 하리니

출 23:20

"내 딸아, 내 아들아
걱정하지 말아라.
너보다 앞서 보낸 나의 천사들이 너를 보호하고
내가 예비했던 곳으로 너를 안전하게 인도할 거야.
사람들은 답이 없다 하지만 내가 답이야.
내겐 다 방법이 있단다."

◆

주님, 저는 어떻게 해야 하나요?

내가 사망의 음침한 골짜기로 다닐지라도
해를 두려워하지 않을 것은
주께서 나와 함께하심이라
주의 지팡이와 막대기가 나를 안위하시나이다

시 23:4

"사랑하는 아들아, 사랑하는 딸아
너는 나를 따라오기만 하면 돼.
내가 선한 목자가 되어서 너의 걸음을 인도하고
나의 모든 능력으로 너를 지켜낼 거야.
너는 나만 따라오면 된단다."

◆

주님, 주님의 뜻은 무엇인가요?

네 조상들도 알지 못하던 만나를
광야에서 네게 먹이셨나니
이는 다 너를 낮추시며 너를 시험하사
마침내 네게 복을 주려 하심이었느니라
신 8:16

주님,
주님 안에서 결코 우연은 없습니다.
이해할 수 없는 이 시간이
주님께서 준비하신 복을 받기 위해
필요한 시간이라 말씀해주셔서 감사합니다.
제가 더 겸손히 주님을 의지하겠습니다.

이전에 경험하지 못한 하나님의 복이
결국엔 임할 것을 믿습니다.

고난당한 것이 내게 유익이라
이로 말미암아
내가 주의 율례들을 배우게 되었나이다
시 119:71

주님, 그렇습니다.
고난이 없으면 좋겠다고 생각했는데
이제 고난도 제게 복이라는 것을 압니다.

고난을 통해
주님의 마음을 더 깊이 알게 되었고
주님의 말씀을 더 온전히 알게 되었습니다.

고난이 저를 무너뜨린 것이 아니라
더 깊고 더 강하고 더 높아지게 했습니다.
고난이 컸기에
주님의 더 큰 기적을 경험할 수 있었습니다.
주님의 크심을 더 분명하게 알게 되었습니다.

저의 모습과 상관없이
언제나 저를 선택하시고 저를 사랑하시는 주님,
저도 주님을 사랑합니다.
주님, 감사합니다.

언제나 저와 함께하시는
예수님의 이름으로 기도드립니다.
아멘.

하나님이여

내게 은혜를 베푸소서

시 57:1

병상에 있는 분들을 위한 치유 기도

치유 기도

주님,
오늘도 병상에 누워
두려움과 긴장 속에 살아가는
성도님을 위해 기도합니다.

몸의 작은 변화에도 가슴 졸이고
의사의 표정 하나에 천국과 지옥을 오가며
과연 언제쯤 이곳을 벗어날 수 있을까
다시 일상으로 돌아갈 수 있을까 하는 마음으로
깊이 한숨짓는 성도님을 위해 기도합니다.

이 시간 이곳에 저희와 함께하시는 주님,

저희가 드리는 간절한 기도를 듣고 응답해주시옵소서.
믿음으로 따라 고백하는
작은 기도 소리에 귀 기울여주시옵소서.

걸을 수조차 없어서
친구들의 손에 들려온 중풍 병자처럼
기도할 기력조차 없어
이 기도에 조용히 귀 기울이며
자신의 몸을 맡기는 성도님을 향해
"침상에서 일어나 네 집으로 가라" 말씀하셨던
주님의 음성을 들려주시옵소서.

주님,
제 삶에서 최고의 처방전은 구약과 신약입니다.
사람들의 말보다 하나님의 말씀을 따르겠습니다.

이 시간 저희 영혼에
생명의 말씀을 들려주시고
하늘의 소망을 부어주시고
부활의 능력을 나타내주시옵소서.

예수께서 들으시고 이르시되

두려워하지 말고 믿기만 하라

그리하면 딸이 구원을 얻으리라

눅 8:50

"사랑하는 아들아, 걱정하지 마라.

사랑하는 딸아, 슬퍼하지 마라.

내 아들아, 내 딸아, 절망하지 마라.

두려워하지 말고 믿기만 해.

그러면 내가 고쳐줄 거야.

네가 낫게 될 거야."

주님,

수술은 의사가 할지라도 고쳐주시는 분은 하나님입니다.

치료는 제가 받아도 살리시는 분은 하나님입니다.

하나님, 이 시간 고쳐주시옵소서.

너는 돌아가서 내 백성의 주권자 히스기야에게 이르기를

왕의 조상 다윗의 하나님 여호와의 말씀이

내가 네 기도를 들었고 네 눈물을 보았노라

내가 너를 낫게 하리니

네가 삼 일 만에 여호와의 성전에 올라가겠고
내가 네 날에 십오 년을 더할 것이며…

왕하 20:5,6

"사랑하는 아들아, 사랑하는 딸아
내가 너의 기도를 다 들었고
너의 눈물을 다 보았단다.
내가 너를 낫게 할 거야.

내게 못 고칠 병이 무엇이 있겠니.
내가 너의 모든 고통을 씻어주고
내가 너의 모든 질병을 고쳐줄 거야.

눈먼 자도 눈을 뜨고 저는 자도 걷게 되고
죽을병도 사라질 거야.

내가 기적을 일으킬 거야.
내가 능력을 나타낼 거야.
네 발로 걸어가 예배하게 될 거야.
십오 년은 더 살 거야.
전능한 나 하나님이 너의 하나님이야."

예, 주님.
오늘 이 약속의 말씀이
제게 그대로 이루어질 줄 믿습니다.
살아있고, 생명력 있는 이 말씀이
제 영과 혼과 관절과 골수를 찌르고 쪼개어
새롭게 할 줄 믿습니다.

그가 찔림은 우리의 허물 때문이요
그가 상함은 우리의 죄악 때문이라
그가 징계를 받으므로 우리는 평화를 누리고
그가 채찍에 맞으므로 우리는 나음을 받았도다

사 53:5

주님, 마귀가 제 영혼을 향해 소리칩니다.
네가 무슨 하나님의 자녀냐고.
기도한들 무슨 소용 있냐고.

주님,
이런 소리를 들을 때마다
제가 사망 선고를 받은 느낌이 듭니다.
그러나 그때마다 이 말씀을 붙들겠습니다.

그가 징계를 받으므로 우리는 평화를 누리고
그가 채찍에 맞으므로 우리는 나음을 받았도다
그가 징계를 받으므로 우리는 평화를 누리고
그가 채찍에 맞으므로 우리는 나음을 받았도다

예, 주님.
제가 당해야 할 고통을 주님께서 당하셨고
제가 받아야 할 징계를 주님께서 받으셨기에
저는 하나님의 자녀가 되었고 깨끗이 나았습니다.
저는 깨끗이 치료되었습니다.

마귀가 제 마음을 흔들 때마다
백 번이고 천 번이고 이 말씀을 되뇌겠습니다.
"그가 채찍에 맞으므로 나는 나음을 받았도다."

마음의 즐거움은 양약이라도
심령의 근심은 뼈를 마르게 하느니라
잠 17:22

주님, 근심 속에 살면서
어떻게 이 시간을 이겨낼 수 있겠습니까.

이제 질병에 눌려
우울한 나날을 보내는 것을 멈추겠습니다.
찬양으로 마음을 다스리겠습니다.
기도로 생각을 다스리겠습니다.
말씀으로 입술을 다스리겠습니다.

더 많이 웃고 더 자주 고마움을 표현하겠습니다.
긍정적인 마음을 갖겠습니다.
이런 저 자신을 사랑하고
이런 저의 삶을 소중히 여기겠습니다.

이 시간 예수 그리스도의 이름으로 명하노니
생기야, 불어오라.
생기야, 불어오라.

이 시간 하나님의 숨결을 불어넣어 주시옵소서.
하나님의 생기가 불어오게 해주시옵소서.

치유의 능력이 나타날지어다.
몸의 모든 기능이 회복될지어다.
살아날지어다.

병상에서 일어나 집으로 돌아갈지어다.

모든 두려움과 불안과 걱정은 떠나갈지어다!

이 시간 주님께서 고쳐주셨다는 믿음이 솟아납니다.

반드시 치유된다는 소망이 가득합니다.

깨끗하게 치유되었다는 확신으로 충만합니다.

주님,

고쳐주셔서 감사합니다.

치료해주셔서 감사합니다.

이제부터

나는 환자라는 마음의 옷을 벗어버리고

나는 건강하다는 믿음의 옷을 입고 살아가겠습니다.

모든 질병을 깨끗하게 치료하시는

예수님의 이름으로 기도드립니다.

아멘.

좋은 소식이 들려오는 기도

좋은 소식

천사가 이르되 무서워하지 말라

보라 내가 온 백성에게 미칠

큰 기쁨의 좋은 소식을 너희에게 전하노라

눅 2:10

죄인 된 저를 구원하기 위해

하늘의 영광을 버리고 이 땅에 오신

왕 되신 주님을 찬양합니다.

주님께서 이 땅에 오실 때

수많은 천사가 찬양했던 것처럼

제 영혼에 주님을 높이는 찬양이 가득히 울려 퍼집니다.

약속대로 오신 예수님을
경이로운 눈빛으로 바라보던 목자들처럼
주님 오신 소식을 듣고 감격했던 사람들처럼
저의 영혼이 주님 오심을 기억하며 경배합니다.

주님,
세상이 들려주는 소식은
온통 어둡고 절망적인 소식뿐입니다.
세상이 전해주는 이야기는
근심과 걱정만 더하게 합니다.

그러나 주님이 들려주신 소식은 다릅니다
주님이 들려주신 소식은 기쁜 소식입니다.
좋은 소식입니다. 희망을 주는 소식입니다.

이 시간 죄와 질병과 가난으로
고통스러운 시간을 보내는 이들에게
좋은 소식을 들려주시옵소서.

모든 죄를 용서했다는
자유의 소식을 들려주시고

후유증 하나 없이 깨끗하게 치료되었다는
회복의 소식을 들려주시고
모든 빚을 갚았다는
기쁨의 소식을 들려주시옵소서.

금리는 오르고
임금은 동결되고
주가는 폭락했지만
그래도 하나님의 역사는
계속되고 있음을 믿습니다.

많은 전문가들이
이제 좋은 시절은 다 갔고
버티기도 쉽지 않다고 하지만
이 땅에 오신 주님께서
가장 확실한 승리를 주실 것을 믿습니다.

살아계신 주님, 창조주 하나님께서
고난과 절망뿐인 세상에서
저를 위해 이 땅에 오셨다는 사실이
제 마음을 감격하게 합니다.

주님께 갈 수 없는 저를 위해
주님께서 직접 오셨다는 사실이
제 마음을 뜨겁게 합니다.

하늘의 하나님께서
저와 함께하시고
억울함을 풀어주시고
뒤틀어진 모든 상황을 바로잡아 주신다는 사실이
제 마음을 위로합니다.

사랑하는 주님,
하늘과 땅의 모든 권세를 가진 주님께서
누울 곳이 없어 구유로 오셨다는 성탄의 메시지가
다시 한번 제게 회복되게 해주시옵소서.

주님처럼 겸손히 낮아지게 하시고
주님처럼 마음을 다해 사랑하게 하시고
주님처럼 애틋한 마음으로 섬기게 해주시옵소서.

이유를 묻지 않고 사랑하시고
조건을 따지지 않고 구원하신 것처럼

저도 그렇게 순수한 마음으로
사랑하게 해주시옵소서.

머리 둘 곳이 없어
거리를 방황하는 이들을 찾아가게 하시고
수고하고 무거운 짐 진 자들을
돌아보게 해주시옵소서.

전쟁과 굶주림, 외로움과 추위에
떨고 있는 이들을 긍휼히 여겨주시고
평화의 기쁜 소식을 들려주시옵소서.

오늘 하루 좋은 소식이
끊임없이 들려오게 하시고
하나님의 샬롬이
가득하게 해주시옵소서.

빛 되신 주님께서 어둠을 뚫고 오신
이 기쁜 소식을 다시 한번 기억하는
성탄의 계절이 되게 하시고

다시 오실 주님을 고대하며
소망 가운데 주님을 기다리는
성탄이 되게 해주시옵소서.

성탄의 주인공이신
예수님의 이름으로 기도드립니다.
아멘.

은혜가 따라오는 기도

은혜

연초부터 연말까지
네 하나님 여호와의 눈이
항상 그 위에 있느니라

신 11:12

새해를 시작하는 첫날부터
한 해를 마치는 마지막 날까지
단 한 순간도 제게서 눈을 떼지 않으시는 주님.

지나온 시간도 주님께서 지켜보시고
다가올 날들도 주님께서 함께하심을 믿고
감사드립니다.

고난과 절망뿐인 세상에서
날마다 주님과 동행했던 노아가
주님의 특별한 은혜를 입었던 것처럼(창 6:8)
제게도 은혜의 옷을 입혀주시옵소서.

하나님의 은혜가
늘 예수님 위에 있었던 것처럼(눅 2:40)
저도 늘 은혜의 자리에
머물게 해주시옵소서.

어디를 가든지
은혜가 따라오고
무엇을 하든지
은혜가 함께하고
누구를 만나든지
은혜를 입게 해주시옵소서.

은혜로 덮어주시고
은혜로 채워주시옵소서.
은혜로 충만하게 하시고
은혜가 흘러넘치게 해주시옵소서.

날마다 새로운 은혜를 더해주시옵소서.

하나님이 능히 모든 은혜를
너희에게 넘치게 하시나니
이는 너희로 모든 일에 항상 모든 것이 넉넉하여
모든 착한 일을 넘치게 하게 하려 하심이라

고후 9:8

은혜로우신 주님,
주님은 제가 근근이 사는 것이 아니라
넉넉한 삶을 살게 하는 분이십니다.
저를 부요하게 하기 위해
스스로 가난해진 분이십니다.
제게 넘치도록 부어주는 분이십니다.

주님,
은혜를 내려주시옵소서.
이 은혜가 오늘 제게 임할 줄 믿습니다.
이 은혜로 제 삶의 영향력이
한계를 뛰어넘을 줄 믿습니다.

주를 두려워하는 자를 위하여
쌓아두신 은혜
곧 주께 피하는 자를 위하여
인생 앞에 베푸신 은혜가 어찌 그리 큰지요

시 31:19

주님,
주님을 의지하는 저를 위해
쌓아두신 은혜가 있다 하시니 감사합니다.
오늘 그 은혜의 창고를 활짝 열어주시옵소서.
쌓아두신 은혜를 내려주시옵소서.

사랑하는 가족이 주님께 돌아오게 하시고
믿음의 가정을 세우는 은혜를 주시옵소서.

잃어버린 건강을 되찾게 하시고
필요한 재정을 채워주시옵소서.

가는 곳마다 사람들의 환대를 받게 하시고
만나는 사람들에게 은혜를 입게 해주시옵소서.

닫혀 있던 삶의 문이 열리고
하는 일마다 형통케 되는 은혜를 주시옵소서.

상황을 뛰어넘는 은혜를 부어주시고
말로는 설명할 수 없는 은혜가
제 삶 곳곳에 가득하게 해주시옵소서.

그러므로 우리는 긍휼하심을 받고
때를 따라 돕는 은혜를 얻기 위하여
은혜의 보좌 앞에 담대히 나아갈 것이니라
히 4:16

주님,
주님은 모든 상황을 지켜보시고
가장 알맞은 때에 가장 알맞은 은혜를
베푸는 분이십니다.
제가 상상하는 것보다
훨씬 더 크고 놀랍게 일하는 분이십니다.

여전히 꿈이 이루어지지 않았고
기도가 응답되지 않고

한 치 앞을 내다볼 수 없을지라도
그래도 저는 기도하겠습니다.

아무 일도 일어나지 않는 것처럼 보여도
이미 주님께서 일하기 시작했음을 믿고
기도하겠습니다.

지금껏 한 번도 겪어보지 못했던 은혜가
이제 임할 줄 믿습니다.
꿈꿀 수 없었던 일이 일어날 줄 믿습니다.
약속하신 땅으로 들어가게 될 줄 믿습니다.
놀라운 기적이 일어날 줄 믿습니다.

주님, 저는 큰 소리로 외치겠습니다.
오늘은 은혜의 날입니다.
오늘 기적이 일어나고
오늘 기도가 응답되고
오늘 능력이 나타납니다.

주께서 은혜로 저를 선택하시고
은혜로 제 삶을 다스리시고

은혜의 기름을 부어주셨습니다.
저는 은혜받은 사람입니다.

주님의 은혜가 저를 둘러싸고 있습니다.
저를 가로막은 그 어떤 것보다
주님의 은혜가 훨씬 더 강합니다.

제가 누리는 모든 것은 주님의 은혜입니다.
이 은혜의 샘이 마르지 않도록
모든 교만한 마음을 버리고
더 겸손히 엎드립니다.

날마다 주님을 사랑하며
주의 말씀을 따라 살겠습니다.
주의 은혜를 붙들겠습니다.

은혜가 너희 모든 사람에게 있을지어다
히 13:25

아멘.

주님,

오늘 하루를 살아갈 은혜를 주시옵소서.

은혜 위에 은혜를 더해주시옵소서.

주님의 은혜로 감싸주시옵소서.

자격 없는 자에게 은혜를 베푸시는

예수님의 이름으로 기도드립니다.

아멘.

DAY 12
형통해지는 기도

주님,

인생을 바쳤던 일들이 틀어지고

여전히 해결되지 않는 문제에 마음이 눌리고

재정적인 압박에 시달리다 보니

이제는 기도했던 일들이

모두 헛된 바람처럼 느껴집니다.

삶의 열정도 다 식어버리고

기도조차 나오지 않습니다.

내가 이 삶에서 벗어날 수 있을까

과연 탈출구가 있을까 의구심마저 듭니다.

그러나 주님,

주님은 "내가 곧 길이라" 말씀하셨습니다.

주님이 앞서가시면 광야에서도 길을 만나고

주님이 함께하시면 바다도 마른 땅처럼 건너게 됩니다.

주님이 일하시면 거대한 장벽도 한순간에 무너집니다.

주님,

제게 이 은혜를 허락해주시옵소서.

하나님의 은혜가 날마다 꼬리를 물고

찾아오게 해주시옵소서.

위대하신 주님.

세상이 나를 반대해도

주님이 제 편이시면 저는 충분합니다.

저의 집안이 별 볼 일 없고

저의 능력이 형편없고

저의 상황이 최악이어도

주님은 이 모든 것을

한순간에 역전시키십니다.

주님은 제가 행복하기를,
제가 기뻐하고 형통하기를
저보다 더 원하십니다.

주님은 제가 구하거나 생각하는 것보다
더 넘치도록 부어주시고 아낌없이 베푸십니다.
그 주님이 제 편이기에 저는 충분합니다.

내가 진실로 진실로 너희에게 이르노니
나를 믿는 자는 내가 하는 일을 그도 할 것이요
또한 그보다 큰 일도 하리니
요 14:12

주님,
주님을 신뢰하는 자는
주님보다 더 큰 일도 할 수 있다고 하신
이 말씀을 '아멘'으로 받습니다.

이제 인간적인 생각으로 계산하지 않겠습니다.
확률을 따지지 않겠습니다.

저는 부족하지만
제 안에 계신 주님이
모든 것을 할 수 있는 전능한 분이시기에
주님께서 모든 것을 이루실 줄 믿습니다.

최악의 상황처럼 보여도
여전히 주님께서 다스리시고
다 끝난 것처럼 보여도
여전히 주님께서 일하십니다.

아무런 변화가 없고
일이 생각대로 되지 않아도
여전히 주님께서 일하십니다.

상황이 불리하고
응답이 더딜지라도
저는 계속 기도하겠습니다.
아무 일도 일어나지 않고
어떻게 될지 전혀 알 수 없어도
그래도 저는 계속 걸어가겠습니다.

여호와께서 너를 위하여
하늘의 아름다운 보고를 여시사
네 땅에 때를 따라 비를 내리시고
네 손으로 하는 모든 일에 복을 주시리니
네가 많은 민족에게 꾸어줄지라도
너는 꾸지 아니할 것이요

신 28:12

"사랑하는 아들아, 사랑하는 딸아
걱정하지 마라. 걱정하지 마라.
내가 네 아빠야. 내가 네 아빠야."

기도할 때마다 들려주시는
주님의 생생한 음성이
지금도 제 귓가에 맴돕니다.

하늘의 아름다운 보물창고를 열어주시고
때를 따라 내리시는 은혜의 단비로
모든 일을 형통케 하시는 주님.

주님께서 은혜의 새바람을 일으키시고

제 삶에 불어오는 모든 역풍을
순풍으로 바꾸실 줄 믿습니다.

가라앉던 저를 날아오르게 하시고
빌리는 삶에서 빌려주는 삶이 되게 하실 줄 믿습니다.

놓쳐버린 기회보다 더 좋은 기회를 주시고
떠나버린 사람보다 더 좋은 사람을 보내주시고
잃어버린 시간보다 더 좋은 시간을 허락하실 줄 믿습니다.

여호와께서 요셉과 함께하시므로
그가 형통한 자가 되어
창 39:2

주님,
주님께서 요셉과 함께하셔서
요셉이 고난 중에도 형통했던 것처럼
제가 어디를 가든지 형통하게 하시고(수 1:7)
무엇을 하든지 형통하게 하시고(시 1:3)
손대는 일마다 복을 받아
형통하게 해주시옵소서(시 128:2).

밤낮으로 주의 말씀을 묵상하며
날마다 우리 주님과 동행함으로
범사가 형통케 되는 복을 주시옵소서(창 39:3).

시냇가에 심긴 나무처럼
풍성한 열매를 맺게 하시고
저로 인해 다른 사람까지 잘되는
축복의 통로가 되게 해주시옵소서.

고난 중에도 형통케 하시는
예수님의 이름으로 기도드립니다.
아멘.

하나님의 임재를 구하는 기도

내가 여호와께 아뢰되

주는 나의 주님이시오니

주밖에는 나의 복이 없다 하였나이다

시 16:2

복의 근원 되시는 주님,

고난 때문에 힘든 것이 아니었습니다.

실패 때문에 두려운 것이 아니었습니다.

가난 때문에 불안한 것이 아니었습니다.

제가 힘들고, 두렵고, 불안했던 것은

주님의 임재를 떠나 살았기 때문입니다.

주님을 떠나서는
어디에서도 행복을 찾을 수 없습니다.
행복은 주님 안에 있습니다.

"결코 너희를 버리지 아니하고 떠나지 않겠다"
약속하시고(시 34:18)
"내가 세상 끝날까지 너희와 항상 함께하겠다"
약속하신(마 28:20) 주님.

주님이 멀게 느껴질 때마다
주님께서 저와 함께 계심을 일깨워주시옵소서.

생명 되신 주님,
물에 빠진 사람이 한숨의 호흡을 구하는
간절함으로 주님을 구합니다.

눈을 뜨며 하루를 시작할 때부터
눈을 감고 잠드는 순간까지
매 순간 주님의 이름을 부르며
주님과 대화하고 싶습니다.
주님의 손을 꼭 잡고 온종일 함께 거닐고 싶습니다.

사랑하는 주님,
메마른 제 삶에 시원한 샘물처럼 오시옵소서.
한 뼘의 거리도 느껴지지 않을 만큼
제게 가까이 다가와 주시옵소서.

고단한 제 삶에 소망 되신 주님을 보여주시고
지쳐있는 제게 따뜻한 음성을 들려주시옵소서.

고통스러운 제 맘에 하나님의 나라를 허락하시고
어둠뿐인 제 인생에 밝은 빛을 비춰주시옵소서.

질병으로 얼룩진 육신에 치료의 광선을 비춰주시고
두려워 떠는 심령에 평화의 기름을 부어주시옵소서.

주님의 넓은 품에 저를 꼭 안아주시고
자비로운 눈빛으로 감싸주시옵소서.

저의 귀에 입을 대시고 가장 따뜻한 음성으로
사랑한다고 말씀해주시고
주님의 큰 손으로
저의 작은 머리를 쓰다듬어 주시옵소서.

주님의 임재로 저를 완전히 덮어주시고
거룩하신 주의 영으로
저를 가득 채워주시옵소서.

신비로운 주님의 손길로
딱딱하게 굳어 있는 몸과 마음을 만져주시옵소서.
머리끝부터 발끝까지 어루만져 주시옵소서.

염려, 근심, 걱정, 불안, 두려움,
죄책감에 사로잡힌 영혼을
주님의 사랑으로 풀어주시옵소서.
연약한 마음에 하늘의 평강을 부어주시옵소서.

말씀하시는 주님,
주님의 깊은 임재 속에
고요하게 말씀하시는
주님의 음성을 듣습니다.

"내가 너를 사랑해.
내가 너와 함께 있어.
내가 너를 구원했잖니.

내가 너를 건져낼 거야.

걱정하지 마.

결국에는 다 잘될 거야.”

주님, 감사합니다.

영광스러운 주님의 임재 안에서

제 영혼이 고요하고 평안합니다.

제 마음이 편안합니다.

주님, 감사합니다.

아버지, 사랑합니다.

언제나 저와 함께 계시는

예수님의 이름으로 기도드립니다.

아멘.

상실의 아픔을 치유하는 기도

위로의 하나님,
사랑하는 사람을 먼저 떠나보낸 슬픔으로
힘겨운 시간을 보내는 이들을 위로해주시옵소서.

주님,
가슴 아픈 이별에 무슨 말을 할 수 있겠습니까.
이런 상황에서 무슨 기도를 할 수 있겠습니까.
그저 한숨 섞인 울음으로 "주님" 하고 부를 때
주님께서 그 마음을 헤아려주시고 위로해주시옵소서.

이름을 부르면 당장이라도 달려올 것 같은데
어떻게 죽음을 받아들이겠습니까.

떠난 자리를 볼 때마다
얼마나 가슴이 저려오겠습니까.

'내가 왜 그렇게밖에 해주지 못했을까.'
'그때로 되돌아갈 수만 있다면 얼마나 좋을까.'
'내가 조금만 더 친절했다면 좋았을 것을
내가 왜 따뜻하게 해주지 못했을까.'

그런 죄책감과 후회가 밀려오고,
'내가 더 잘했다면 이런 일은 일어나지 않았을 텐데'
하는 생각에
모든 것이 자기 책임으로 느껴질 것입니다.

미안한 마음에 밤잠도 이루지 못하고
하루에도 수십 번 수백 번 자신을 탓하며
하루하루 버티고 있습니다.

'왜 나에게 이런 일이 일어났을까'
아무리 물어도 대답 없는 질문에
그저 가슴만 먹먹하고

여전히 그립고, 보고 싶고
강물처럼 밀려오는 슬픔을 가눌 길이 없습니다.

얼굴이라도 한 번 더 보고 싶고
손이라도 한 번 더 잡고 싶은
안타까운 마음을 주님께서 위로해주시옵소서.

사랑하는 친구 나사로의 죽음 앞에
눈물 흘리며 슬퍼하신 예수님,
저들의 모든 눈물을 닦아주시고
괴로움을 씻어주시옵소서.

남겨진 이의 슬픔의 무게를
어찌 헤아릴 수 있겠습니까.
남은 삶을 살아내기가
얼마나 힘겹겠습니까.
가슴이 찢어지는 고통을
누가 위로할 수 있겠습니까.

사랑하는 사람을 잃고 아파하는 이들을
주님께서 공감해 주시옵소서.

주님,
저는 아무리 생각해보아도
위로할 말이 떠오르지 않습니다.

뭐라 위로해야 할지 모르겠습니다.
섣부른 위로가 그들의 상처를 덧나게 할 수 있기에
말을 아끼고 기도하겠습니다.

주님,
모든 것이 혼란스럽고
어찌해야 할지 모르는
남겨진 가족들에게
주님께서 위로가 되어주시옵소서.

시간이 흘러도 쉽게 잊히지 않을 상실감과
다시 살아내야 하는 고통스러운 삶의 여정에
주님께서 함께해주시옵소서.

슬픔을 느끼지 않고
슬픔을 떠나보낼 수 없음을 알기에
슬픔을 외면하지 않게 해주시옵소서.

얼마를 울어야 할지 모르지만
슬픔이 찾아올 때마다
슬퍼할 수 있도록 도와주시옵소서.

마음이 외로울 때마다
내가 너와 함께 있다고 말씀해주시고
지치고 힘들 때마다
주님의 손으로 꼭 붙잡아 주시옵소서.

그리움이 밀려올 때
자비로운 손길로 어루만져주시고,
미안한 마음과 후회스러운 마음도
주님 앞에 모두 내려놓게 해주시옵소서.

무엇보다 자신을 용서할 수 있도록
주님께서 도와주시옵소서.
즐거움을 느끼는 것에
죄책감을 갖지 않고
웃을 일이 있을 때는
마음껏 웃도록 도와주시옵소서.

누가 내 마음을 알까
누가 나를 위로할까 생각하며
혼자라고 느껴질 때
제 얼굴이 생각나게 해주시옵소서.

제가 시간을 내어 함께 있겠습니다.
기댈 어깨가 필요할 때
제 어깨를 내어주겠습니다.
맘 편히 울 수 있도록 함께 울겠습니다.
해줄 말은 없지만,
곁에서 손을 꼭 잡아주겠습니다.

주님,
이해할 수 없는 고통스러운 시간이지만
죽음은 끝이 아니라
다시 시작이라고 믿습니다.

사랑하는 이들이 비록 우리 곁을 떠났지만
주님의 품에 안겨
안식을 누리고 있음을 믿습니다.

우리 모두에게 이 믿음을 더해주시고
부활의 소망과 영원한 천국 소망을 가지고
다시 만날 그날을 고대하며
안타까운 이별의 시간을 잘 이겨낼 수 있도록
도와주시옵소서.

이 땅에서 함께했던
소중하고 행복한 추억을 떠올리며
남은 사명을 다 이루고
기쁘게 다시 만나게 해주시옵소서.

부활의 소망으로 위로하시는
예수님의 이름으로 기도드립니다.
아멘.

하나님의 선하심을 신뢰하는 기도

하나님의 선하심

내 평생에 선하심과 인자하심이
반드시 나를 따르리니

시 23:6

선하신 주님,
오늘도 선하신 주님께서 제 삶을 다스려주시고
주님의 선한 손으로 저를 꼭 붙들어 주시옵소서.

마귀는 고난으로 우리를 무너뜨리려 합니다.
하나님을 잊게 만들고
하나님을 믿지 못하게 하고
하나님을 바라보지 못하게 합니다.

그러나 주님,
비록 지금 당장 응답이 없어도
저는 선하신 주님을 신뢰할 것입니다.

제가 부족하고, 가진 것이 없고,
배운 것도 적지만 그래도 상관없습니다.
집안에 특출난 사람 하나 없어도 상관없습니다.
선하신 주님께서 저를 불러주셨고
제 삶을 인도하시는데 무엇이 걱정입니까.

마귀는 하나님의 은혜보다
눈앞의 고난만 바라보게 하지만
주님, 저는 은혜받은 사람입니다.
주님의 특별한 은혜를 받은 사람입니다.
주님께서 은혜로 저를 감싸주시고
사랑으로 품고 계심을 믿습니다.

주님,
제 삶을 돌아보면
설명할 수 없는 은혜가 저를 이끌어왔음을
고백하게 됩니다.

안 될 것 같은 일들이 이뤄지고
불가능해 보였던 일들이 가능해지고
전혀 가망이 없어 보였던 일들이
놀라운 방법으로 이루어지는 것을 보았습니다.

제 능력으로는 오를 수 없는 곳까지 오르게 되었고,
제 노력으로는 불가능해 보였던 일들이
생각지도 못한 시간에 이루어졌습니다.
제 머리로는 이해되지 않는 일들이
신비롭게 이루어졌습니다.

이 모든 것이 주님의 놀라운 은혜입니다.

주님,
제 앞을 가로막은 장애물이 아무리 높아도
주님의 은혜에 비길 수 없습니다.

뚫고 가야 할 일이라면 뚫고 가게 하시고
돌아가야 할 일이라면 돌아가게 하시고
뛰어넘어야 할 일이라면 뛰어넘게 하실 줄 믿습니다.

주님의 선한 능력으로
모든 한계를 뛰어넘을 줄 믿습니다.

제 능력으로는 도저히 불가능한 일들도
전능하신 주님께서 함께하시기에
넉넉하게 해낼 줄 믿습니다.

아무리 상황이 나빠 보여도
이 모든 것이 뒤집히는 것은 한순간입니다.
회복될 기미가 전혀 보이지 않던 일들도
하나님의 은혜 안에서 한순간에 회복됩니다.

소망 되신 주님,
너무 힘들어서 이제 그만 포기하고 싶고
그냥 다 내려놓고 싶을 때
다시 선하신 주님이 생각나게 해주시옵소서.
앞이 전혀 보이지 않는 순간에
주님의 얼굴이 떠오르게 해주시옵소서.

인간적인 눈으로 상황을 보지 않고
믿음의 눈으로 주님을 바라보게 해주시옵소서.

주님께서 행하실 놀라운 일들을
믿음의 눈으로 바라보게 해주시옵소서.

사람들은 희망이 없다고 말해도
주님께 절망스러운 상황은 없습니다.
주님 안에서는 모든 일이 잘된 일입니다.

선하신 주님께서
가장 좋은 문을 열어주시고
가장 좋은 길로 인도하시고
가장 좋은 것으로 채워주실 줄 믿습니다.

오늘도 선하신 주님을 바라보며
주님의 은혜를 선포합니다.
주님의 일하심과 주님의 능력을 선포합니다.

오늘 선하신 주님께서 역사하십니다.
주님의 크신 능력이 제게 임했고
주님의 놀라운 은혜가 저를 감싸고 있기에
누구도 저를 막을 수 없습니다.

주님의 선한 손에 닫힌 문이 열리고
막힌 담이 허물어집니다.
약한 것이 강해지고
부족한 것이 넉넉해집니다.

주님,
저는 고난 중에도 선하신 주님을 찬양하겠습니다.
주님의 은혜를 선포하고 왕 되신 주님을 높이겠습니다.
선하신 주님을 끝까지 신뢰하겠습니다.

언제나 선한 손으로 붙들어 주시는
예수님의 이름으로 기도드립니다.
아멘.

하나님이 행하신 일을

내가 선포하리로다

시 66:16

고난 속에서 다시 서는 기도

다시 서는 기도

주님,

거세게 불어오는 고난 앞에

모든 것이 무너져 내렸지만

결코 이 고난이 영원하지 않다는 것을 압니다.

제가 고난 속에 있는 것 같지만 주님 안에 있습니다.

주님 안에서 감당 못 할 시련은 없고

어떤 고난도 주님의 은혜보다 더 클 수 없습니다.

크신 주님,

주님은 무너진 성벽을 다시 세우시고

넘어진 베드로를 다시 세우셨습니다.

다시 세우시는 주님의 은혜가
이 시간 제게 필요합니다.
예수 그리스도를 죽음에서 일으키신 것처럼
고난의 자리에서
저를 다시 서게 해주시옵소서.

주님,
모든 것이 무너지고
어떤 희망도 찾을 수 없을 때
이때가 하나님의 역사가 시작되는 시간입니다.
모든 것이 불가능해 보일 때
비로소 하나님께서 일하기 시작하십니다.

제가 할 수 있는 게 아무것도 없을 때
다 끝나버린 시간이 아니라
주님의 기적이 시작되는 시간입니다.

오늘 주님께서 저를 다시 세워주시고
다시 살아갈 이유를 허락하시고
살아낼 힘을 주시옵소서.

주님,
건강의 문제가 저를 쓰러뜨리고
재정의 어려움이 저를 무너뜨리고
여러 일이 저를 흔들어댑니다.

그러나 주님은 쓰러진 저를 보며
모른 체하는 분이 아니십니다.
마귀의 공격으로 제가 넘어질 때
주님은 이전에 볼 수 없던 화가 난 얼굴로
사단을 공격하는 분이십니다.

마귀는 제가 무너지고 두려워하고
엎드러져 있기를 원하지만
저는 마귀가 원하는 그 어떤 것도
내어주지 않겠습니다.

마음을 다잡고 더욱더 주님을 사랑하겠습니다.
무너진 예배를 세우겠습니다.
말씀과 기도의 자리를 다시 세우겠습니다.
사명의 자리로 나아가겠습니다.
주님의 은혜 안에서 다시 서겠습니다.

"달리다굼, 소녀야 일어나라"
주님께서 말씀하실 때 기적처럼 소녀가 일어났듯이
오늘 제게도 말씀해주시옵소서.

"아들아, 딸아
일어나라.
쓰러진 자리에서 일어서라.
절망의 자리에서 일어서라.
모든 고난을 털고 일어서라."

주님, 저는 주님의 말씀대로 됩니다.
주님께서 말씀하시는 이 시간
제가 다시 서게 될 줄 믿습니다.

저도 저의 영혼을 향해 선포하겠습니다.
"내 영혼아, 일어나라. 두려움을 내려놓고 일어나라."

천사가 이르되 마리아여 무서워하지 말라
네가 하나님께 은혜를 입었느니라

눅 1:30

**"사랑하는 아들아, 사랑하는 딸아
너는 하나님의 은혜를 입은 자니라."**

그래요, 맞아요.
저는 하나님께 은혜를 입은 사람입니다.
주님의 큰 은혜를 받은 사람입니다.
그 은혜로 반드시 서게 될 줄 믿습니다.

수없이 넘어지고 깨지고 부서졌지만
그래서 너무 고통스럽고 힘들지만
그래도 주저앉아 포기하지 않겠습니다.
다시 서게 하실 주님을 바라보겠습니다.

고난이 저를 흔들수록
저는 믿음의 뿌리를 더 깊이 내리겠습니다.
고난의 바람이 거세게 불어올수록
저는 더 강하게 자라날 것입니다.

주님,
이제 이 기도가 끝났을 때는
다시 이전으로 돌아가지 않게 해주시옵소서.

절망과 낙심과 우울의 자리를 걷어내고 일어나
주님께서 예비하신 은혜와 소망의
새로운 자리에 서게 해주시옵소서.

하나님의 생기로 가득 채워주셔서
한 걸음 더 앞으로 나아가게 해주시옵소서.
십자가 너머에 있는 부활의 영광을 보게 해주시옵소서.

고난 속에 있는 저를 다시 세워주시는
예수님의 이름으로 기도드립니다.
아멘.

돈 걱정을 날려버리는 기도

사랑하는 주님,

물질의 어려움으로 고난 가운데 있습니다.

저에게 방법이 없기에 주님을 의지합니다.

제가 물질로 고통받지 않도록

주님께서 채워주시옵소서.

"너희는 먼저 그의 나라와 그의 의를 구하라

그리하면 이 모든 것을 너희에게 더하시리라"

약속하신(마 6:33) 주님.

제가 얼마나 주님을 사랑하고

성실하게 교회를 섬겨왔는지 주님이 아십니다.

없는 중에도 주의 종을 섬기고
사람들을 대접하며 살아온 삶을
주님이 아십니다.

주님 앞에서 최선을 다해 살아왔고
주님 앞에 빈손으로 오지 않았음을
주님이 아십니다.

모든 것을 더해주시는 주님,
주님은 저보다 저의 필요를 더 잘 아시고
저의 소원을 만족하게 하시는 분입니다.

주님은 저에게 알맞게 채워주시고
부자로 살아갈 능력을 주신 분입니다.

주님은 제가 손대는 일마다 잘되게 하시고
하는 일마다 풍성한 열매를 맺게 하시는 분입니다.

만물의 주인 되신 주님,
주님이 저의 아버지시고 저는 주님의 자녀입니다.
저는 주님의 상속자이고 천국의 상속자입니다.

주님이 저의 공급자시고
천국의 금은보화가 다 저의 것입니다.

주님,
제가 이 믿음으로 돈 걱정을 날려버리고
가난을 이겨내게 해주시옵소서.
제 안에 뿌리박힌
돈에 대한 잘못된 생각을 고쳐주시옵소서.

돈이 악한 것이 아니라
지나친 제 욕심이 문제였습니다.
가난으로 겪었던 모든 상처를
십자가 앞에 내려놓습니다.

나는 가난하다는 생각을 버립니다.
나는 가진 것이 없다는 생각을 버립니다.
저는 이제 가난하지 않습니다.

부요하신 주님,
저는 물질의 복을 받은 사람입니다.
주님은 제게 필요한 모든 것을 이미 충분히 주셨습니다.

저는 부족함이 없습니다.
저의 잔이 넘칩니다.

제가 돈을 좇아가는 것이 아니라
돈이 저를 좇아옵니다.
제가 돈에 끌려다니는 것이 아니라
돈이 제게 끌려옵니다.
저는 돈에 제한받지 않습니다.
하나님의 인도를 받습니다.

어떻게 모든 빚을 갚을지
인간적으로 계산하며 근심하지 않겠습니다.
어떻게 돈을 모을 수 있을지
상황을 바라보며 걱정하지 않겠습니다.

그저 믿음으로 선포하고
소망으로 바라보겠습니다.
이미 주님께서 응답하셨다고 믿고
주님께서 채워주신 것을
믿음으로 받아들이겠습니다.

빚을 생각하는 것이 아니라
주님께서 채워주실 풍성한 은혜를 바라보겠습니다.
가난을 생각하는 것이 아니라
나누고 베푸는 풍성한 삶을 꿈꾸겠습니다.

이미 필요한 재정이 다 채워진 것을 믿고
믿음으로 살아가겠습니다.
부족하다 생각해 움켜쥐는 것이 아니라
이미 충분하다는 마음으로 나누며 살겠습니다.

살아계신 주님,
주님께서 이 기도를 들으시고
응답하신 것을 믿습니다.
이미 하나님의 역사가 시작되었음을 믿습니다.

제가 상상하지 못한 방법으로 응답하시고
생각하지 못한 방법으로 채워주시고
알지 못한 사람까지 사용하셔서 역사하심을 믿습니다.

시간이 갈수록 통장의 잔고가
점점 더 불어나고 있음을 믿습니다.

오늘도 은혜의 새바람이
불어오고 있음을 믿습니다.

주님, 감사합니다.
저의 기도를 들어주셔서 감사합니다.
응답해주셔서 감사합니다.
채워주셔서 감사합니다.
이제 돈을 귀하고 소중하게 여기며
꼭 필요한 곳,
주님이 기뻐하시는 곳에 사용하겠습니다.
자족하는 삶을 살겠습니다.

언제나 가장 알맞게 채워주시는
예수님의 놀라운 이름으로 기도드립니다.
아멘.

악한 영을 대적하는 기도

◆◆

기도에는 하나님께 도움을 요청하는 기도도 있지만 하나님의 권세를 사용해서 그 대상을 향해 직접 명령하고 선포하는 기도도 있습니다.

예수님은 바람과 파도를 향해 "잠잠하라, 고요하라" 명령하셨습니다. 문둥병자를 향해 깨끗함을 받으라고 명령하셨습니다. 앞을 보지 못하는 사람에게 "열려라!" 하고 명령하셨습니다. 중풍 병자에게는 일어나라고 명령하셨습니다. 손이 마른 사람에게는 네 손을 내밀라고 명령하셨습니다. 악한 귀신들에게 나오라고 명령하셨습니다. 늦은 저녁까지 수많은 귀신 들린 자들을 고치셨습니다.

예수님은 이 놀라운 권세를 우리에게 주셨습니다. 우리도 그 이름의 능력을 사용해 명령하고 선포할 때 그 이름의 능력을 경험하게 될 것입니다. 이제 함께 믿음으로 기도합시다.

내가 진실로 진실로 너희에게 이르노니
나를 믿는 자는 내가 하는 일을 그도 할 것이요
또한 그보다 큰 일도 하리니
이는 내가 아버지께로 감이라

요 14:12

주님, 제가 주님을 믿습니다.
예수님이 하신 일을 저도 하게 될 줄 믿습니다.
예수님보다 더 큰 일도 하게 될 줄 믿습니다.
이 시간 기도할 때 주님께서 놀랍게 역사해주시옵소서.

주님,
주님 앞에 무릎 꿇은
사랑하는 당신의 자녀들이 있습니다.

머리끝에서 발끝까지
주님의 거룩한 보혈로 덮어주시옵소서.
모든 죄악을 주의 보혈로 덮어주시옵소서.
저들의 생각과 마음과 영과 육체까지
십자가의 보혈로 덮어주시옵소서.
가정과 일터도 예수님의 보혈로 덮어주시옵소서.

능력의 주님,
사랑하는 자녀들이
이 시간 머리 위에 손을 얹고 기도합니다.

주님의 피 묻은 손으로 안수하시고
성령의 권능을 더해주시옵소서.
능력으로 임하여주시옵소서.
충만하게 역사해주시옵소서.
긍휼을 베풀어주시옵소서.

주님, 주님의 갈보리 십자가로
사단은 이미 패배했습니다.
사단의 요새는 완전히 무너졌습니다.
부활의 주님께서 어둠을 이기고
완벽하게 승리하셨습니다.

그러기에 원수 마귀에게는 이제 아무 힘이 없습니다.
모든 힘과 권세가 주님의 것입니다.
그 이름의 능력으로 더러운 마귀를 대적합니다.
이제 주님께서 일하실 시간입니다.
주님, 역사해주시옵소서.

예수 그리스도의 권세 있는 이름으로 명하노니
이제 하나님의 자녀들을 괴롭히는
모든 어둠의 세력은 이곳에서 떠나갈지어다.
모든 악한 영은 떠나갈지어다.
모든 더러운 귀신은 떠나갈지어다.

내가 예수 그리스도의 이름으로 명하노니
모든 묶임은 풀어질지어다.
모든 사슬은 끊어질지어다.
모든 저주는 소멸될지어다.

예수를 구주로 고백하는 이 사람에게서
너는 어떤 권한도 없음을 선포하노라.
이제 이 사람에게서 떠나갈지어다.
다시는 돌아오지 말지어다.
다시는 돌아오지 말지어다.

예수께서 꾸짖어 이르시되
잠잠하고 그 사람에게서 나오라 하시니

막 1:25

오늘 마음에 고통을 주며
두려움을 느끼게 하는 더러운 귀신아,
내가 너를 꾸짖고 명령하노니
이 사람에게서 나올지어다.
나오라.
나오라.

더러운 것을 보게 하고 들리게 하고 말하게 하고
소리 지르게 하고 발작하게 하는
모든 것을 멈추고
이 사람에게서 나올지어다.
나와서 다시는 돌아오지 말지어다.

예수 그리스도의 이름으로 명하노니
하나님의 자녀를 묶고 있는
모든 파괴적인 맹세는 깨질지어다.
오랫동안 속박하고 있는
모든 잘못된 생각의 끈은 풀어질지어다.
그동안 들어왔던 모든 저주는 끊어질지어다.
이전 세대로부터 이어져 온 모든 저주도
완벽하게 끊어질지어다.

모든 육체적인 저주, 감정적인 저주, 영적인 저주는
깨끗하게 끊어질지어다.

예수 그리스도의 이름으로 명하노니
자신을 저주하고 정죄하는 생각은 이제 멈출지어다.
모든 악한 생각과 의심은 떠나갈지어다.
모든 왜곡된 생각은 떠나갈지어다.
분노와 시기와 미움과 원망은 십자가로 묶임 받을지어다.
모든 중독은 끊어지고 정신병도 치유될지어다.

예수 그리스도의 이름으로 명하노니
죄악을 아름답게 느끼게 하는
더러운 바이러스는 소멸될지어다.
악한 생각은 깨끗하게 사라질지어다.
끊어질지어다.
깨어질지어다.

예수 그리스도의 이름으로 명하노니
모든 질병과 가난, 고통과 저주는 떠나갈지어다.
사라질지어다.
깨끗하게 소멸될지어다.

예수 그리스도의 이름으로 명하노니
머리끝에서 발끝까지 성령의 빛이 관통되고
모든 어둠이 빛 아래 환하게 드러날지어다.
내면 깊은 곳까지 은혜의 빛이 비칠지어다.

사랑하는 자여,
예수 그리스도의 이름으로 명하노니
하나님의 따뜻한 품에 안길지어다.
사랑의 품에 안겨 잠잠하고 고요할지어다.
느긋해지고 평안해질지어다.
모든 불안과 두려움과 예민한 마음은
잠잠해질지어다.
잠잠해질지어다.
잠잠해질지어다.

나사렛 예수 그리스도의 이름으로 명하노니
하나님의 영으로 충만해질지어다.
회개의 영이 부어질지어다.
용서의 영으로 가득해질지어다.
사랑의 영으로 충만할지어다.

자유케 하시는 성령님,
이 시간 임하셔서 다스려주시옵소서.
충만하게 다스려주시옵소서.

다시는 어둠을 따라가지 않게 하시고
빛 되신 주님만 따라가게 해주시옵소서.
모든 의심을 떨쳐버리고
흔들리지 않는 믿음으로 살게 해주시옵소서.
날마다 주님을 바라보며
소망 가운데 주님과 동행하게 해주시옵소서.

모든 어둠의 세력을 이기게 하시고
승리를 주신 주님을 찬양합니다.

능력의 이름, 권세의 이름
예수님의 이름으로 기도드립니다.
아멘.

낙심의 영을 제거하는 기도

낙심의 영 제거

주님,
마귀는 우는 사자같이
삼킬 자를 끊임없이 찾아다니고
죄로 무너지게 합니다.
사람들의 말로 상처를 주고
상황을 바라보며 낙심하게 합니다.

주님, 저는 너무 연약합니다.
죄의 유혹에 쉽게 무너지고
원수의 공격에 너무 쉽게 굴복합니다.
작은 일에도 믿음이 흔들리고
너무 빨리 은혜에서 멀어집니다.

그러나 주님,
저의 힘으로는 이길 수 없지만
주님께서 함께하시기에 이길 수 있습니다.

이 시간
저의 연약함을 인정하고
주님의 은혜를 구합니다.
죄악의 수렁과 낙심의 구덩이에서
저를 건져주시옵소서.

저를 둘러싸고 있는
우울한 분위기를 깨뜨려주시고,
실망과 패배감에 젖은
어두운 분위기를 거둬가 주시옵소서.
이기는 분위기로 바꿔주시고
밝은 분위기로 바꿔주시옵소서.

주님,
기대했던 일들이 생각대로 되지 않아도
낙심하지 않겠습니다.
절망감에 사로잡혀 새로운 기회를 놓치지 않겠습니다.

지나간 시간은 후회해도 소용없기에 미련을 버리고
주님께서 준비하신 더 놀라운 미래를 바라보겠습니다.
주님, 도와주시옵소서.

주님,
주님께서 말씀하실 때
수십 년간 묶여 있던 결박이 한순간에 끊어지고
매인 것이 풀어졌습니다.
주님, 제게도 말씀해주시옵소서.

이 시간 낙심의 영은 떠나갈지어다.
예수 그리스도의 이름으로 명하노니
낙심과 절망의 영아, 내게서 떠나가라.
우리 가정에서 떠나가라.
이곳에서 떠나가라.

나는 거룩하신 성령께서 거하시는 하나님의 성전이다.
네가 있을 곳이 아니다.
더러운 귀신아, 떠나가라.
내게서 떠나가라.
떠나가라.

내 영혼아,
모든 낙심의 덫에서 벗어나라.
비교의식의 덫에서 벗어나고
열등감의 덫에서 벗어나라.
외로움의 덫, 공허함의 덫,
비관적인 생각의 덫에서 벗어나라.
모든 죄악의 덫에서 벗어날지어다.

주님,
전쟁은 하나님께 속해있습니다.
승리는 하나님의 것입니다.
이김이 주께 있습니다.

승리하신 주님께서
저를 지켜주시고 보호하시기에
저는 어떤 고난도 이길 것입니다.

저는 약하지만
제 안에 계신 주님이 강하시기에
저는 무너지지 않습니다.
망하지 않습니다.

저는 흔들리지만
주님은 흔들리지 않으시기에
원수가 저를 무너뜨릴 수 없습니다.

마귀의 공격이 아무리 커 보여도
십자가 앞에서는 아무것도 아닙니다.
마귀의 역사가 두렵게 해도
하나님은 더 크고 두려운 분이십니다.

주님,
낙심의 영이 저를 흔들어댈 때
저는 크신 주님을 바라보겠습니다.
죄의 유혹이 찾아올 때
십자가의 진리를 선포하겠습니다.
포기하고 싶은 생각이 들 때
승리하신 주님을 찬양하겠습니다.

주님,
저는 용서받았습니다.
저는 구원받았습니다.
저는 하나님의 자녀입니다.

영원한 생명이 제게 있고
하늘나라의 소망이 제게 있습니다.
죽음조차도 저를 낙심하게 할 수 없습니다.

저는 모든 죄에서 자유로워졌고
죄를 거부할 자유가 제게 있습니다.
마귀를 이기는 권세가 제게 있고
마귀를 무너뜨릴 능력이 제 안에 있습니다.

주님, 저는 승리자입니다.
하나님의 강한 용사입니다.

이제 기쁜 마음으로 아침을 맞이하고
찬양하며 하루를 시작하겠습니다.
감사하며 하루를 마치고
평안하게 잠을 자겠습니다.
꿈속에서도 소망의 주님을 노래하겠습니다.

모든 낙심의 영을 깨끗하게 제거하고
승리를 주신 주님을 찬양합니다.
이김을 주신 주님을 찬양합니다.

왕 되신 주님, 높임을 받아주시옵소서.

모든 영광을 받아주시옵소서.

낙심한 자들에게 이김을 주시는

예수님의 이름으로 기도드립니다.

아멘.

비관적인 생각을 바꾸는 기도

주님,
저의 의지와 상관없이
부정적인 생각이 머리에서 떠나질 않습니다.

받은 은혜가 크지만
그 모두가 아무것도 아닌 것처럼 느껴지고
수만 가지 은혜를 누리면서도
작은 일 하나 때문에 괴로워합니다.

무엇을 보든, 어떤 말을 듣든, 누구를 만나든
부정적인 생각이 먼저 떠오르고
뭘 해도 결국은 실패할 것 같은 생각이 듭니다.

'어차피 안 돼.'
'해봐야 소용없어.'
'분명 안 될 거야.'
'내가 그럴 줄 알았어.'
'거봐, 안 되잖아.'

꼬리를 물고 이어지는 부정적인 생각이
저를 불안하고 무기력하게 합니다.
나쁜 생각이 멈추지 않아 너무 괴롭습니다.

주님,
제 안에 있는 비관적인 생각을 몰아내 주시옵소서.
제 몸에 밴 부정적인 생각의 습관을 끊어주시옵소서.

세상에 모든 것을 다 가진 사람도 없고
모든 것을 완벽하게 해낸 사람도 없습니다.

실수를 통해서도
성장할 수 있다는 것을 기억하고
나쁜 상황에서도
좋게 생각할 수 있도록 도와주시옵소서.

생각을 통해 역사하시는 주님,
제 생각을 구원해주시옵소서.
제 생각에 믿음을 주시옵소서.

주님,
이제 부정적인 생각의 노예로 살지 않겠습니다.
더 이상 부정적인 생각에 끌려다니지 않겠습니다.
제 삶을 무너뜨리는 부정적인 생각을 막아서겠습니다.

잘못된 이유를 모두 제 탓으로 돌리고
작은 실수에도 마치 인생이 실패한 것처럼 느끼게 하고
사소한 일조차도 운명이 걸린 것처럼 여기게 하는
마귀의 생각을 끊어내겠습니다.

마귀가 역사하도록 틈을 주지 않겠습니다.
사단의 거짓말에 속지 않겠습니다.
주님, 제 생각을 지켜주시옵소서.

주님,
제 삶에 고통스러운 시간도 있었지만
고통스럽지 않은 시간은

수십 배 수백 배 더 길었습니다.
아픈 곳이 있지만 아프지 않은 곳은
수천수만 곳이나 됩니다.

힘들게 하는 사람도 있지만
힘들게 하지 않은 사람이 훨씬 더 많고
해내지 못한 것이 있지만
이룬 것이 훨씬 더 많았습니다.
주님, 제가 감사해야 할 이유는 수천수만 가지입니다.

이제, 실패했던 시간을 떠올리며 하루를 망치고
한 달을 망치고 한 해를 망쳤던 나쁜 습관을 버리고
주님의 말씀을 붙들고 믿음으로 살겠습니다.

없는 것을 생각하며 우울하게 사는 것이 아니라,
가진 것을 생각하며 감사하겠습니다.

하나님께서 허락하신 놀라운 시간을
비관적인 생각을 하며 허비하지 않겠습니다.
선하신 주님을 떠올리며
낙관적으로 삶을 바라보겠습니다.

부정적인 생각이 떠오를 때마다
더욱더 감사할 이유를 찾고
기뻐할 이유를 찾고
믿음을 선포하겠습니다.

주님,
제가 새로운 꿈을 꾸며 살기에 늦지 않았습니다.
열정적인 삶을 살기에 아직 늙지 않았습니다.
아직도 주님의 크신 계획이 남아 있고
놀라운 일들이 준비되어 있습니다.

지나간 시간보다 다가올 시간이
훨씬 더 좋을 것입니다.
오늘 놀라운 일이 일어납니다.
주님께서 함께하시기에 제 삶이 기대됩니다.

주님, 이제
비관적인 생각과 부정적인 말이
습관이 된 사람을 멀리하겠습니다.
긍정적인 생각을 하는 사람과
더 가까이 지내겠습니다.

하나님을 믿는 믿음으로 사는 사람과
더 많은 시간을 보내겠습니다.

주님,
제게 밝고 긍정적인 사람을 만나는
복을 주시옵소서.

자신의 부족함을 인정하되
하나님의 크심을 바라보는 사람
저의 가능성을 제한하지 않고
꿈을 응원해주는 사람
말 한마디로도
식은 가슴을 뜨겁게 하는 열정적인 사람

함께 있으면 즐겁고
곁에 있는 것만으로도
마음의 짐이 가벼워지는 사람
불가능한 도전 앞에서도
할 수 있다고 지지해주는 사람

그런 사람을 만나는 복을 주시옵소서.

주님,
이제 시간을 내어
좋은 생각을 하는 연습을 하겠습니다.
우울한 노래를 듣지 않고
힘을 주는 찬양을 더 자주 듣겠습니다.
비관적인 영상을 보지 않고
힘을 주는 책을 더 자주 보겠습니다.

저를 힘들게 했던 사람을
이제 제 마음에서 놓아주겠습니다.
주님의 사랑을 더 깊이 묵상하겠습니다.

이 시간,
예수 그리스도의 놀라운 능력으로
제 안에 있는 모든 부정적인 생각이
깨끗하게 빠져나갔습니다.

예수 그리스도의 이름으로
나쁜 생각의 사슬이 끊어지고
비관적인 생각의 묶임이 풀어졌습니다.
부정적인 생각의 습관이 부서졌습니다.

부서졌습니다.
부서졌습니다.

이제 제 생각이 자유를 얻었습니다.
선한 생각을 할 수 있는 자유를 얻었습니다.
저는 자유롭습니다.

저를 부정적인 생각에서 구원하신
예수님의 이름으로 기도드립니다.
아멘.

상황을 뚫고 나가는 기도

상황을 뚫고 나감

주님,

제게 주어진 상황이 버겁습니다.

길이 참 험하고 미래가 너무 어둡습니다.

복잡하게 얽혀 있는 상황에서

어떻게 해야 할지 모르겠습니다.

제 힘으로는 도저히 감당이 되지 않습니다.

그러나 주님,

제가 할 수 있는 것이 아무것도 없어 보여도

끝까지 믿음의 태도를 갖게 해주시옵소서.

상황이 어려울수록
더욱더 위에 계신 주님을 보게 하시고
상황이 저를 흔들어댈수록
살아계신 주님을 보게 해주시옵소서.

어떠한 시련 속에서도
상황에 흔들리지 않게 하시고
신실하신 주님의 약속을
붙들게 해주시옵소서.

최악의 상황을 상상하게 될 때마다
생각을 멈추고 주님을 바라보겠습니다.
약속의 말씀을 붙들고 기도하겠습니다.
믿음의 눈으로 승리의 날을 바라보겠습니다.
의지를 가지고 하나님의 은혜를 상상하겠습니다.

주님의 은혜만이 모든 닫힌 문을 열 수 있습니다.
이 시간 은혜의 새 문을 열어주시옵소서.
새로운 상황의 문을 열어주시옵소서.
새로운 길을 열어주시옵소서.

주님,
고난은 위장된 하나님의 축복임을 믿습니다.
이 시간을 통해
하나님께서 예비하신 복을 받는
그릇을 준비하게 해주시옵소서.

주어진 시련 때문에
인생의 나락으로 떨어지는 것이 아니라
더 단단하고 강해지게 하시고
주님과 함께 날아오르게 해주시옵소서.

주님,
주님께서 저보다 더 좋은 계획을 갖고 계시기에
모든 상황을 주님께 맡깁니다.

짜증과 불평으로 상황을 더 악화시키지 않도록
저의 마음을 지켜주시옵소서.

주어진 상황을 받아들이고
마음의 평안을 잃지 않게 해주시옵소서.

이 상황에서
제가 할 수 있는 최선을 찾게 하시고
강인한 마음을 주셔서
이 상황을 헤쳐나가게 하옵소서.

지금은 제가 이해할 수 없고, 보이지 않아도
하나님의 뜻이 분명히 있음을 믿습니다.
지금은 나빠 보이는 이 상황도
결국은 좋은 상황으로 역전될 줄 믿습니다.

그러기에 주님,
저의 뜻대로 되지 않아도
실망하지 않겠습니다.
불안해하지 않겠습니다.

폭풍 같은 시련이 저를 내동댕이치는 듯해도
주님께서 가장 선한 길로
인도하실 것을 믿겠습니다.

주님께서 저를 위해 최선을 다하고 계시기에
결국에는 다 잘될 것입니다.

지금은 이해되지 않은 상황들도
서로 연결되어 선한 열매를 맺게 될 줄 믿습니다.

저의 뜻보다 주님의 뜻이
훨씬 더 좋은 것을 알기에
주님께서 기다리고 계신다면
저도 기다리겠습니다.

계획대로 되지 않아도
여전히 주님께서 다스리고 계심을 믿습니다.
주님의 크고 놀라운 계획이
여전히 이루어지고 있음을 믿습니다.

주님은 저를 아시고
제 마음을 아시고
제 소원을 아시기에
주님께서 이루실 것을 믿습니다.

모든 상황을 제게 유리하게 바꾸시고
모든 상황을 유익하게 사용하실 것을 믿습니다.

주님,
지금의 상황이 제가 원하는 상황은 아니지만
이곳에서도 하나님의 뜻을 구합니다.
이곳에서 주님을 향해 뜻을 정합니다.

주님의 시선으로 상황을 바라보고
주님의 마음으로 반응할 수 있는
믿음을 주시옵소서.

위기의 순간에
하나님의 사람답게 살아갈
용기를 주시고

어려운 상황에서도
하나님의 인도하심을 따라가는
믿음을 주시옵소서.

힘든 상황일지라도
유익하고 편리한 길보다
옳은 길을 선택하는 용기를 주시고

위기 속에서도
하나님의 영광을 먼저 생각하는
믿음을 주시옵소서.

주님,
아무리 상황이 어려워도
상황에 파묻히지 않게 해주시옵소서.
주변을 돌아보는 마음의 여유를 갖고,
도움이 필요한 사람들을
외면하지 않게 해주시옵소서.

사단의 공격이 아무리 거셀지라도
하나님의 은혜의 성벽이 저를 둘러싸고 있고
하늘의 강한 군대가 저를 지키는 줄 믿습니다.

제 안에 자리 잡은 어둠이
고난을 통해 빛 가운데 모두 드러나게 하시고
저의 영혼을 정금같이 단련해 주시옵소서.

주님,
주님은 크고 놀라우신 하나님이십니다.

상황을 뛰어넘어 역사하시며
능치 못할 일이 전혀 없으십니다.

그 주님께서 함께하시기에
이 시간도 넉넉하게 이겨낼 것입니다.
거친 파도도 뚫고 나갈 것입니다.
어떤 풍랑도 헤쳐나갈 것입니다.

아무리 길이 험하고 어두워도
빛 되신 주님께서 함께하시기에
거침없이 나아가겠습니다.
이제 역전될 것입니다.
반드시 이길 것입니다.

주님,
주님을 사랑하고 주님을 의지하고
주님을 따르는 당신의 자녀들에게
형통케 되는 은혜를 내려주시옵소서.

주님의 사랑으로 감싸주시고
주님의 능력으로 덮어주시옵소서.

이전에 누렸던 것보다
갑절의 복을 내려주시옵소서.

하나님은 우리의 피난처시요 힘이시니
환난 중에 만날 큰 도움이시라

시 46:1

모든 상황을 뚫고 나가게 하시는
예수님의 이름으로 기도드립니다.
아멘.

DAY **22**

승리를 선포하는 기도

승리의 선포

세상에서는 너희가 환난을 당하나
담대하라 내가 세상을 이기었노라

요 16:33

주님,
마귀는 오늘도 저를 향해 실패자라고 소리칩니다.
그러나 복음의 놀라운 비밀은
제가 예수 그리스도로 말미암아
승리자가 되었다는 것입니다.

제 모습이 어떠하든, 몇 번을 실패했든
사람들이 뭐라 하든, 상황이 어떻게 흘러가든

그것과 상관없이 저는
세상을 이기신 주님으로 말미암아
승리할 것입니다.

이제 패배자의 옷을 벗어버리고
승리자의 모습으로 당당하게 나아가겠습니다.

주님,
주님께서 주신 놀라운 능력이 제 안에 있습니다.
마귀를 대적하는 십자가의 능력과
죄를 이기는 예수 이름의 능력입니다.

유혹을 물리치는 말씀의 능력과
고난을 돌파하는 기도의 능력과
기적을 일으키는 믿음의 능력입니다.
주님께서 주신 이 놀라운 능력으로
승리할 것을 믿습니다.

제 삶에 고난도 있지만
주님의 은혜는 훨씬 더 많았습니다.
아무리 마귀의 공격이 사나워도 마귀는 이미 패배했고

고난이 깊어질수록 승리에 더 가까이 다가왔음을 압니다.

이제 제 삶을 제한하지 않겠습니다.

이기게 하실 주님을 신뢰하며 승리를 꿈꾸겠습니다.

하나님이 우리에게 주신 것은
두려워하는 마음이 아니요
오직 능력과 사랑과 절제하는 마음이니

딤후 1:7

두려워하는 마음은
하나님께서 주신 것이 아니라 마귀가 준 것입니다.
저의 기를 죽이고, 자신감을 잃게 하고,
주눅 들게 하는 것은 마귀의 역사입니다.

주님,
제게 어떤 고난도 감당할 능력과
죽음보다 강한 사랑과
승리를 끌어내는 절제의 힘을 주시니 감사합니다.

이제 부족하고 연약한 제가 아니라
크고 강하신 주님을 의지하고,

눈에 보이는 상황이 아니라
보이지 않는 주님을 바라보겠습니다.
실패한 제가 아니라
승리하신 주님의 이름을 붙들겠습니다.

그러나 이 모든 일에
우리를 사랑하시는 이로 말미암아
우리가 넉넉히 이기느니라

롬 8:37

주님,
죽을 것같이 힘들어도
"너 안 죽어" 하시는 주님의 말씀을 의지합니다.
저를 사랑하는 주님이 계시기에
어떤 상황에서도 넉넉하게 이기고
모든 삶의 자리에서 완벽하게 승리할 것입니다.

주님으로 인해
생각지 못한 은혜가 찾아오고
말도 안 되는 기적이 일어나고
상황을 뒤집는 대역전의 승리를 할 것입니다.

사람들은 자기 능력, 자신의 배경,
자신의 성취를 자랑하지만
제가 자랑할 것은 만군의 여호와 하나님이십니다.

죄로 죽었던 저를 다시 살리신 하나님!
어두운 제 삶에 빛이 되신 하나님!
저를 위해 모든 것을 준비하시고 승리케 하신
하나님이 저의 자랑입니다.

주님,
저는 주님을 자랑하며
주님을 높이는 삶을 살겠습니다.
승리의 주님, 찬양합니다.
높임을 받아주시옵소서.

연약한 자를 불러 승리자가 되게 하시는
예수님의 이름으로 기도드립니다.
아멘.

고난당한 것이

내게 유익이라

시 119:71

DAY 23
위기를 기회로 바꾸는 기도

위기를 기회로

주님,

위기의 순간이 닥쳐올 때

어리석게 주변을 탓하기도 하고

끊임없이 자책하며 주저앉아 있기도 했습니다.

조급한 마음에 섣부르게 행동해

상황을 더 나빠지게 했습니다.

주님,

위기의 순간에 가장 먼저 주님께 달려가 엎드리는

겸손한 마음을 주시옵소서.

주님의 은혜와 주님의 지혜와 주님의 인도를 구하는

영적인 민감함을 주시옵소서.

주님,
당장 이 상황에서 벗어나지 못한다고 해도
낙심하지 않겠습니다.
헤쳐나갈 방법이 전혀 보이지 않아도
하나님을 원망하지 않겠습니다.

제 힘으로 어찌할 수 없는 일은
하나님께서 어찌하시겠다는 뜻이기에
저는 제가 할 수 있는 일에 최선을 다하겠습니다.

예배하고 찬양하고 기도하는 일에 다시 힘쓰겠습니다.
기뻐하고 감사하는 일에 열심을 내겠습니다.
오늘도 선한 삶을 살아가고
계속 꿈을 향해 달려가겠습니다.

주님,
제가 슬픈 일을 겪지 못했다면
위로자 되시는 하나님을
어떻게 만날 수 있었겠습니까.
제가 아프지 않았다면
치료자 되신 하나님을

어떻게 알 수 있었겠습니까.
제가 외롭지 않았다면
하나님이 저와 함께하신다는 것을
어떻게 느낄 수 있었겠습니까.

제가 가난했기에
채워주시는 하나님을 경험할 수 있었고,
거대한 성벽이 저를 가로막고 있었기에
성벽을 무너뜨리는 하나님을 볼 수 있었고,
제가 물에 빠졌기에
물 위를 걷는 기적을 경험할 수 있었습니다.
고난이 있었기에 기적이 있었습니다.

주님,
주님의 허락 없이는 참새 한 마리도
땅에 떨어질 수 없다고 하셨는데
고난이 있다는 것은
주님께서 허락하셨다는 것이고
주님께서 허락하셨다면
분명히 주님의 선한 계획이 있음을 압니다.

주님은 최악의 상황까지도
가장 좋은 기회로 만드는 역전의 하나님이시기에
지금은 끝을 알 수 없는 이 일조차도
놀라운 기회로 사용하실 것을 믿습니다.

마귀는
저의 죄 때문에 이런 일이 일어났다고 정죄하고
하나님께서 저를 버렸다고 조롱하지만

주님은
저의 죄를 이미 십자가에서 용서하셨고
주님의 사랑에서 저를 끊어낼 수 있는 것은
아무것도 없다 말씀하셨습니다.

마귀는
제가 가난하고 굶주리고 빚에 쪼들리며
비참하게 살기를 바라지만

주님은
제가 넉넉히 나누고 베푸는
풍성한 삶을 살기 원하십니다.

제 삶은 마귀의 뜻대로 되지 않고
주님의 뜻대로 될 것입니다.

주님,
제가 사망의 음침한 골짜기에서도
두려워하지 않을 수 있는 이유는
선한 목자 되신 주님께서
언제나 저와 함께하시기 때문입니다.

모든 것이 끝난 상황에서도 새로운 시작을 여시고
위기조차도 기회가 되게 하시는 주님께서
함께하시기 때문입니다.

주님이 함께하시면
이해할 수 없는 고난도 해석이 되고
감당할 수 없는 시련도 뚫고 나가고
최악의 시간도 가장 좋은 기회로
한순간에 뒤바뀌었습니다.

주님과 함께 이 고난을 뛰어넘는
기적의 주인공이 되게 해주시옵소서.

주님,

돌아보니 제 삶에 일어난 모든 일이

우연이 아니라 축복이었습니다.

이제 어두움은 사라지고

빛 가운데로 나아가게 될 줄 믿습니다.

위기를 기회로 바꾸시는

예수님의 놀라운 이름으로 기도드립니다.

아멘.

고난과 문제를 돌파하는 기도

고난의 돌파

살아계신 주님,
고단하고 힘겹게 살아가다가
문득 주님마저 저를 포기한 것 같고
저를 버린 것 같을 때가 있습니다.

왜 이 고난이 제게 찾아왔는지
제 머리로는 도저히 해석되질 않습니다.
앞이 보이지 않고, 끝도 보이지 않습니다.

제게는 이 고난을 이겨낼 힘이 없습니다.
고난을 돌파할 능력이 없습니다.
주님, 이 고난을 견디고 이겨낼 은혜를 주시옵소서.

가슴이 조여오고 눈물이 흘러도
고난 앞에 좌절하지 않게 하시고
절망하지 않게 해주시옵소서.
고통 속에 무릎 꿇지 않게 하시고
무너지지 않게 해주시옵소서.

저를 이 고난의 자리에서
건져 올리실 분은 주님입니다.
저의 모든 눈물을 닦아주시고
모든 아픔을 지워주시며
겹겹이 싸인 고통의 멍에를 벗겨주실 분은
주님입니다.

지금 제 앞에 있는 고난을 향해
눈을 닫고, 귀를 닫고, 입을 닫겠습니다.
힘든 상황을 바라보는 것이 아니라
모든 상황을 다스리시는 주님을 바라보겠습니다.

주님,
제게는 눈에 보이는 상황보다
전능하신 하나님이 더 생생한 현실입니다.

저와 함께하시고 저를 지켜주시고
저를 인도하시는 하나님이
제게는 가장 분명한 현실입니다.
이 고난을 돌파하게 하시는 하나님이
가장 확실한 현실입니다.

제 삶을 집어삼킬 것 같은 고난 앞에서도
저는 주님을 오해하지 않겠습니다.
주님을 원망하지 않겠습니다.
선하신 주님을 바라보겠습니다.

주님,
역풍처럼 불어오는 고난조차도
하나님께 나아가는 순풍임을 믿습니다.
그러기에 하루빨리 고난에서 벗어나기만을 바라는
조급한 마음을 버리고
고난을 통해 말씀하시는
주님의 음성에 귀 기울이겠습니다.

고난을 허락하신 주님의 뜻을 구하겠습니다.
고난을 통해 단련하시는 주님의 뜻을 이루겠습니다.

고난의 뒤편에 있는 축복을 바라보겠습니다.

이 고난조차도 다스리고 계시고
버려진 시간처럼 보일지라도
이 시간까지도 유익하게 사용하시는
주님을 기억하겠습니다.

길이 보이지 않고 끝이 보이지 않아도,
도무지 해결책이 없어 보이고
희망이라고는 찾아볼 수 없어도
그래도 주님께서 예비하신
새날을 기대하겠습니다.

주님,
고난의 한복판에서도
저는 주님의 말씀에 귀 기울이고
주님의 은혜를 바라보고
주님의 일하심을 선포하겠습니다.

저를 공격하는 그 어떤 원수보다
주님은 훨씬 더 크십니다.

승리하신 주님께서 저와 함께하시기에
저는 어떤 고난도 이길 수 있습니다.
어떤 역경도 뛰어넘을 수 있습니다.
이 고난을 통해 저는 점점 더 강해질 것입니다.

이 모든 고난을 통해서도 주님은
제가 가야 할 곳에 가게 하시고
있어야 할 곳에 있게 하시고
해야 할 일을 하게 하시고
이루어야 할 일을 이루게 하십니다.

주님,
상황이 어떻게 흘러가더라도
저는 은혜 받은 사람이라는 사실을 잊지 않겠습니다.
저는 하나님의 자녀라는 사실을 기억하겠습니다.
불평하기보다 감사하겠습니다.
짜증 내기보다 기뻐하겠습니다.
불안해하기보다 소망의 주님을 바라보겠습니다.

모든 두려움을 담대함으로 바꿔주시고
끝까지 포기하지 않는 믿음을 주시옵소서.

주님,
불같은 고난을 지나는 동안
제 안에 있는 모든 불순물을 태워 주시옵소서.

분노를 터뜨리는 모습
교만한 마음
게으른 습관
정죄하는 마음
불평하는 태도
도망치려는 마음
포기하고 싶은 마음

주님께 어울리지 않는 모든 모습을
깨끗하게 걸러내고
온전하신 주님을 닮아가게 해주시옵소서.

주님,
때로는 사람들의 비난과 정죄가
제 마음을 힘들게 하지만
주님께서 저를 이미 인정하셨고
주님께서 저를 용납하셨기에

저는 무너지지 않겠습니다.
포기하지 않겠습니다.
더 강해지겠습니다.

힘들어도 옳은 선택을 하고
고난 속에서도 바른길을 걸어가겠습니다.
계속해서 믿음으로 나아가겠습니다.

이 고난 끝에는 하나님께서 예비하신
놀라운 축복이 있을 줄 믿습니다.
지금의 고난과는 비교조차 할 수 없는
영광스러운 일이 기다리고 있음을 믿습니다.

본 적도 없고, 들은 적도 없고,
생각해본 적도 없는 하나님의 선물이
예비되어 있음을 믿습니다.

그러기에
고난을 향해 과감하게 달려가겠습니다.
주저하지 않고 뛰어들겠습니다.
고난을 뚫고 가겠습니다.

정면승부 하겠습니다.
돌파해 내겠습니다.
반드시 이길 것입니다.

마침내 승리할 것입니다.
주님께서 그렇게 하실 것입니다.

예, 주님.
주님께서 반드시 그렇게 하십니다.
고난까지도 사용하셔서
놀라운 일을 행하실 주님을 찬양합니다.

모든 고난을 이기게 하시는
예수님의 이름으로 기도드립니다.
아멘.

고난을 축복으로 바꾸는 기도

주님,

사방이 닫힌 것 같고

제 인생의 기회들이 다 날아간 것처럼 보입니다.

제 삶이 다 무너진 것처럼 느껴지고

인생이 송두리째 버려진 것 같습니다.

아무리 기도해도 해결의 기미가 보이지 않고

하나님의 은혜가 저만 비껴가는 것처럼 느껴집니다.

'내가 왜 그랬을까, 내가 왜 그렇게 했을까'

끊임없이 후회하고 자책하게 됩니다.

시간을 되돌릴 수만 있다면
몇 번이고 되돌리고 싶습니다.
하늘이 무너지는 것 같고
해달별이 다 떨어지는 것처럼 절망스럽습니다.

주님,
저는 지혜도 부족하고 힘도 없습니다.
아는 것도 없고 아는 사람도 없습니다.

이 고난의 자리에서
제가 의지할 분은 주님뿐입니다.
제겐 주님밖에 없습니다.

주님, 저를 잊지 않으셨죠.
저를 기억하고 계시죠.
제게 긍휼을 베풀어주시고
저를 불쌍히 여겨주시옵소서.

지금 눈앞의 상황은 너무나 절망적이고
한 치 앞도 보이지 않습니다.
여기서 제 인생이 끝난 것처럼 보입니다.

그러나 주님께서 저를 포기하지 않으셨으니
제 인생은 여기서 끝나지 않습니다.

비록 너무 가슴 아프고 고통스럽지만
이 모든 것을 사용하셔서 놀라운 계획을 이루시고,
지금은 괴롭지만
이 시간 또한 복이 되게 하실 것을 믿습니다.

당장은 이 상황을 받아들이기 어렵고
왜 제게 이런 시련이 닥쳤는지 이해되지 않지만
그러나 저는 모든 것이 합력하여
선을 이루게 하실 주님을 신뢰합니다.

쓰디쓴 고난의 시간조차도
결국은 제 인생을 빚어가시는
주님의 은혜의 손길임을 기억하며
끝까지 주님을 바라보겠습니다.

주님께서 어떤 계획을 가지고
제 삶을 이끌어 가실지
포기하지 않고 따라가겠습니다.

주님,

고난은 위장된 하나님의 축복이라고 합니다.

너무나 힘겨운 이 시간조차도

정말 축복이었다고 고백하게 될 날이

반드시 오게 될 줄 믿습니다.

그날을 바라보며 불평과 원망을 멈추겠습니다.

걱정하고 염려하며 시간을 허비하지 않겠습니다.

주님께서 부르신 곳에서

제게 주어진 일을 묵묵히 감당하겠습니다.

때가 되었을 때 주님께서

모든 것을 알게 하실 것을 믿고

더욱더 맡기신 일에 힘쓰겠습니다.

지금은 실패처럼 보이고

다 끝난 것처럼 보일지라도

모든 것을 선이 되게 하실

주님의 계획을 믿고 인내하겠습니다.

주님께서 행하실 일들을 기대하며

더욱더 힘써 예배하겠습니다.

주님,
이 시련으로 제가 무너지지 않을 것을 믿습니다.
이 고난을 통해 제가 더 강해지고
온전해지게 될 줄 믿습니다.

여인이 어찌 그 젖 먹는 자식을 잊겠으며
자기 태에서 난 아들을 긍휼히 여기지 않겠느냐
그들은 혹시 잊을지라도
나는 너를 잊지 아니할 것이라
내가 너를 내 손바닥에 새겼고
너의 성벽이 항상 내 앞에 있나니

사 49:15,16

주님,
저를 잊지 않고 기억해주셔서 감사합니다.
잊혀질 수 없도록 주님의 손바닥에
제 이름을 깊이 새겨주시니 감사합니다.

주님께서 저를 잊지 않으시면 됩니다.
주님만 저를 기억하시면 됩니다.

주님께서 도울 자를 보내주시고
모든 필요를 채워주시고
놀랍게 역사해주실 것을 믿습니다.

이제 지나간 일은 다 잊어버리고
다시 소망을 품고 내일을 바라보겠습니다.
새 일을 행하실 주님을 바라보며 전진하겠습니다.

고난까지도 복이 되게 하시는
예수님의 이름으로 기도드립니다.
아멘.

다시 꿈을 꾸는 기도

다시 꿈을 꾸는 기도

주님,

일이 뜻대로 되지 않고

크고 작은 실패 앞에 마음이 위축됩니다.

'이렇게 살아서 무엇 하나' 하는 마음에

삶의 의욕마저 꺾여버렸고

꿈을 꾼다는 것이 사치스럽게 느껴집니다.

주님,

제 안에 있는 쓴 뿌리를 거두어주시고

실패에 대한 두려움을 지워주시옵소서.

마귀는

"이제 안 된다. 다 끝났다. 포기해라" 하지만

마귀의 거짓말에 속지 않겠습니다.

마귀가 던지는 미끼를 물지 않겠습니다.

시련이 닥쳤다고 삶을 포기하지 않겠습니다.

기도한 대로 응답되지 않아도

낙심하고 주저앉아 주님을 원망하지 않겠습니다.

패배감과 자기연민에 빠져 세월을 낭비하지 않겠습니다.

저를 깎아내리는 부정적인 말을 멈추겠습니다.

주님, 제 인생은 아직 끝나지 않았습니다.

모든 것이 끝난 것처럼 보이는 이 상황도

주님께서 다스리고 계십니다.

기대했던 상황이 아니고

예상치 못한 장애물이 있어도

마귀의 도전에 물러서지 않겠습니다.

도망치지 않겠습니다.

후회하지도 않고 뒤돌아서지도 않겠습니다.

주님의 생각은 제 생각보다 높고
주님의 계획은 제 계획보다 훨씬 더 놀랍습니다.
주님은 나쁜 일도 좋은 일이 되게 하십니다.
지금은 제 삶이 움츠러든 것처럼 보여도
더 높이 뛰어오르기 위한 주님의 계획 안에 있습니다.

제 힘으로 감당할 수 없어 보여도
주님께서 허락하신 일이라면
감당할 능력도 함께 주신 줄 믿습니다.

주님,
제게 주님을 제한하지 않는 믿음을 주시고
주님의 능력으로 살아가는 지혜를 주시옵소서.

저는 아직 늙지 않았습니다.
지금도 늦지 않았습니다.
지금이야말로 꿈을 이루기에 가장 좋은 시간입니다.

다시 꿈을 꾸게 하시고
다시 열정을 깨워주시고
다시 새롭게 도전하는 용기를 주시옵소서.

주님,

저는 한 번도 실패하지 않는 삶이 아니라

실패할 때마다 다시 일어서는 삶을 살고 싶습니다.

실패가 있었기에 성장할 수 있었고

실패가 있었기에 겸손할 수 있었고

실패가 있었기에 기도할 수 있었습니다.

고난이 저를 무너뜨린 것이 아니라 더 강하게 했습니다.

이제 지나간 일들을 떠나보내고

다시 일어서겠습니다.

오늘 다시 꿈을 꾸겠습니다.

지금부터 다시 구하고 찾고 두드리겠습니다.

제 능력에는 한계가 있지만

주님의 능력에는 한계가 없습니다.

주님이 없이는 아무것도 할 수 없지만

주님 안에서는 모든 것을 할 수 있습니다.

제 안에 계신 주님의 놀라운 능력을 믿고

더 높이 생각하고, 더 크게 꿈을 꾸고,

더 과감하게 도전하겠습니다.

주님께서 주시는 새로운 꿈에
저의 온 마음을 쏟겠습니다.

믿음으로 기도하며 나아갈 때
바다가 갈라지고 산이 옮겨지는 기적이 일어납니다.
꿈꿀 수 없던 일과 생각지 못한 일을 보게 됩니다.

주님의 말씀 한마디면
모든 것이 한순간에 뒤바뀝니다.
그 주님과 함께 남은 인생을 꿈꾸며 살겠습니다.
주님, 도와주시옵소서.

무너진 자에게 다시 꿈을 꾸게 하시는
예수님의 이름으로 기도드립니다.
아멘.

잃어버린 열정이 되살아나는 기도

주님,

하는 일마다 잘 안되다 보니

이제는 뭘 해도 잘 안될 것처럼 느껴집니다.

아무리 발버둥쳐도

여전히 제자리를 맴도는 것 같아

이제는 아무것도 하기 싫어집니다.

내가 잘할 수 있을까 하는 생각에

불안하기도 하고

잘나가는 사람들의 이야기에

제 모습이 초라하게 느껴지기도 합니다.

주님,
제가 모든 것을 가진 것도 아니고
모든 것을 다 잘할 수는 없지만
주님의 뜻을 이루기에 조금도 부족함이 없고
주님 안에서 이미 충분하다는 것을
기억하게 해주시옵소서.

온 세상보다 더 크신 주님께서
저를 가장 완벽하게 지으셨고
그 주님께서 지금 제 안에 계신 것을
믿게 해주시옵소서.

제가 믿음의 한 걸음을 내디딜 때
주님은 물 위를 걷는 기적을 일으키시고
제가 작은 일에 최선을 다할 때
주님은 더 큰 일을 준비하십니다.

비록 실패할지라도
주님께서 회복시키실 것을 믿고
새로운 도전을 하는 용기를 주시옵소서.

익숙하고 편안한 것을 뒤로하고
믿음의 모험을 떠나게 해주시옵소서.
식은 가슴을 다시 타오르게 하시고
잃어버린 열정을 되살려 주시옵소서.

'이제 뭘 하겠어.'
'이 나이에 뭘 할 수 있겠어.'
'이미 나는 늦었어.'
이런 생각으로는 아무 일도 일어나지 않습니다.

주님의 역사는
할 수 있는 게 아무것도 없고
이미 다 끝난 것 같은 상황에서도
여전히 기회가 있다고 믿고
순종하는 자들을 통해 일어났습니다.

믿음으로 내딛는 걸음 위에
주님께서 함께하시고
믿음으로 붙드는 작은 손 위에
주님의 큰 손을 덮어주시옵소서.

사소한 일에도 주눅이 드는 작은 마음에
하나님의 마음을 부어주셔서
다시 꿈을 향해 도전하는 열정이
솟아나게 해주시옵소서.

꿈을 이루는 것과 저의 부족함은
아무 상관이 없습니다.
주님이 함께하시면
망해가던 일도 다시 살아나고
꺼져가던 불꽃도 되살아납니다.
전능하신 주님께서 함께하시면
불가능해 보이는 일들도 기적처럼 이루어집니다.

견디기 힘든 고난은
저의 인내력을 키우고 잠재력을 발휘하기에
더없이 좋은 기회입니다.

고난의 시간이
버티고 견뎌낼 뿐만 아니라
저도 모르는 저의 가능성을 발견하는
축복의 시간이 되게 해주시옵소서.

주님, 이제는
사람들의 말에 주눅 들지 않겠습니다.
사람들의 말에 눌려 살지 않겠습니다.
장애물이 있다고 그만두지 않겠습니다.
한번 실패했다고 쉽게 포기하지 않겠습니다.

하나님께서 끝났다고 하시기 전에는
아직 끝난 것이 아닙니다.
닫힌 문을 바라보며 후회하기를 멈추고
주님께서 열어놓으신 새로운 길을 바라보겠습니다.

지나간 일은 다 잊어버리고 다시 시작하겠습니다.
고난에 좌절하지 않고 하나님의 자녀답게
다시 꿈을 향해 삶을 불태우겠습니다.

하늘의 영광을 포기하고
이 땅에 내려오셨던 주님의 열정,

십자가를 지기 위해
땀방울이 핏방울이 되도록
간절하게 기도하셨던 주님의 열정,

잃어버린 저를 찾아내기 위해
끊임없이 찾아다니고
마침내 찾아내신 주님의 열정을
오늘 제게도 허락해주시옵소서.

주님,
주님을 바라보는 이 시간
제 가슴이 뛰고 피가 끓어오르기 시작합니다.
주님께서 하실 일들이 기대됩니다.

주님 앞에 서는 그날까지
매일 꿈을 꾸고 꿈에 도전하는
열정적인 하루하루가 되게 해주시옵소서.

오늘도 식은 가슴을 다시 뛰게 하시는
예수님의 이름으로 기도드립니다.
아멘.

DAY 28

포기하고 싶을 때 드리는 기도

하나님, 삶이 지칩니다.
열정을 가지고 시작했지만
어느샌가 마음이 지쳐가고
믿음으로 시작했지만
응답이 늦어지면서
몸도 마음도 힘을 잃어 갑니다.

열심히 기도했지만 여전히 기도해야 하는
이 상황이 저를 지치게 합니다.

정말 최선을 다해 기도했는데 고난은 더 깊어지고
끝이 보이지 않는 이 일 앞에 이제 포기하고 싶습니다.

시간이 길어질수록 다 그만두고 싶고
너무 오랜 시간 씨름하다 보니
이제 다 포기하고 모든 것을 내려놓고 싶습니다.

그러나 주님,
피곤하고 지칠 때 다시 무릎을 꿇습니다.
모든 것을 포기하고 싶을 때
다시 주님의 말씀을 기억합니다.

우리가 선을 행하되 낙심하지 말지니
포기하지 아니하면 때가 이르매 거두리라
갈 6:9

예, 주님.
피곤하다고 낙심하지 않게 하시고
지친다고 포기하지 않게 해주시옵소서.

옳은 일을 할 때도 피곤할 수 있고
선한 일을 할 때도 지칠 수 있다는 것을
기억하게 해주시옵소서.

때가 되면 주님께서 반드시 열매 맺게 하실 것을
믿고 견뎌내게 해주시옵소서.

포기하지 않으면 주님께서 열매를 거두게 하시고
멈추지만 않는다면 주님께서 반드시 이루실 것을 믿습니다.

오직 여호와를 앙망하는 자는 새 힘을 얻으리니
독수리가 날개 치며 올라감 같을 것이요
달음박질하여도 곤비하지 아니하겠고
걸어가도 피곤하지 아니하리로다

사 40:31

예, 주님.
피곤하고 지치고 모든 것을 포기하고 싶은 이 순간
다시 여호와를 앙망합니다.

너무 힘들어서 쓰러질 것 같을지라도
다시 주님의 이름을 붙잡습니다.
더는 견뎌 낼 힘이 없어도
다시 주님을 바라봅니다.

상황을 바라보는 시선을 하나님께로 돌리고
원망과 탄식 대신 주님의 이름을 부릅니다.

주님을 의지하고 주님께 소망을 두는 자에게
새 힘을 주시겠다고 약속하신 주님!

이 시간 믿음으로 주님을 의지하고
믿음으로 주님을 바라봅니다.
새 마음을 허락하시고
새 힘을 허락해주시옵소서.
독수리가 날개 치며 올라가듯
다시 힘차게 날아오르게 해주시옵소서.

"달음박질하여도 곤비하지 아니하겠고"
예, 주님.
주님께 소망을 둘 때
아무리 열심히 뛰어다녀도 고단하지 않고
아무리 열심히 달려도 지치지 않을 것을 믿습니다.

"걸어가도 피곤하지 아니하며"
아무리 고된 길도 피곤을 모르고 걸어갈 것입니다.

모든 것을 포기하고 싶은 이 시간을
주님께서 주시는 힘과 능력으로
견뎌낼 수 있도록 도와주시옵소서.

안 될 것 같다는 부정적인 생각을 끊어내게 하시고,
해 봐야 소용없다는 생각을 떨쳐내게 해주시옵소서.
멈추고 싶은 유혹을 이겨내게 해주시옵소서.

다시 전능하신 하나님의 손에 붙들리게 하시고,
하나님께서 주시는 새 힘으로 일어서게 해주시옵소서.

하나님께서 주시는 열정이 솟구치게 하시고,
하나님께서 주신 소망으로 가슴 뛰게 해주시옵소서.

하늘로부터 임하는 강력한 능력으로
영혼이 불타오르게 하시고
삶을 불태우게 해주시옵소서.

저는 할 수 없지만,
주님께서 함께하시기에 제가 할 수 있습니다.
제가 감당 못 할 시험은 없습니다.

제가 이기지 못할 시련은 결코 없습니다.
반드시 이겨냅니다.

천사가 하늘로부터 예수께 나타나 힘을 더하더라
눅 22:43

힘을 더하시는 하나님.
모든 것을 포기하고 싶은 순간에도
다시 무릎을 꿇는 당신의 자녀에게
하늘의 천사를 보내주시고 힘을 더해주시옵소서.
하늘로부터 임하는 신비로운 능력을 부어주시옵소서.
새 힘을 더해주시고, 새 은혜를 내려주시옵소서.

주께 힘을 얻고
그 마음에 시온의 대로가 있는 자는
복이 있나이다
시 84:5

주님, 어찌 사람의 힘으로 다시 시작할 수 있겠습니까.
하나님께서 도와주지 않으시면
저희는 결코 다시 시작할 수 없습니다.

주님께서 은혜를 주지 않으시면
저희는 결코 믿음의 길을 완주할 수 없습니다.

저희가 고난 중에도 포기하지 않는 것
고단해도 멈추지 않는 것
포기하고 싶어도 다시 시작하는 것은
모두 하나님의 은혜입니다.

이 시간 사랑하는 당신의 자녀들에게
하늘의 큰 능력을 부어주시고
다시 시작하는 은혜를 주시옵소서.

주님,
지치고 피곤하고 모든 것을 포기하고 싶은 순간
다시 주님께 힘을 얻고 믿음의 길을 걸어가기로
결단할 수 있어서 행복합니다.

포기하지 않는 열정으로 저희를 붙드시는
예수님의 이름으로 기도드립니다.
아멘.

기도 응답이 없을 때 드리는 기도

하나님,
기도해도 응답이 없을 때 마음에 시험이 듭니다.
기도해도 주님이 듣지 않으신다 생각되니
기도에 지쳐갑니다.

계속 기도하는 것이 맞는지 의심이 되고
이렇게 기도해도 되는지 의문이 듭니다.
기도를 포기하고 싶은 유혹이 찾아옵니다.

주님, 그래도 기도하겠습니다.
하나님의 시험은
믿음의 시험이고 인내의 시험입니다.

어느 날, 때가 되었을 때
하나님께서 반드시 응답하실 것을 믿고
인내하며 기도하겠습니다.

포기하라는 마귀의 꼬임에 넘어가지 않겠습니다.
기도해도 소용없다는 악마의 속삭임에
귀 기울이지 않겠습니다.
이제 안 된다는 패배자들의 목소리를 무시하겠습니다.

주님,
기도만큼 큰 축복이 없습니다.
기도만큼 놀라운 일이 없습니다.
하나님은 기도하는 자들과 함께하셨고,
기도하는 자들을 위해 일하셨고
기도하는 자들을 통해 역사하셨습니다.

기도할 때
물고기 두 마리와 보리떡 다섯 개로
오천 명이 먹고 남았습니다.
물이 갈라지고, 물 위를 걷고,
쓴물이 단물로 바뀌었습니다.

맑은 하늘에 먹구름이 몰려와 장대비가 쏟아졌고,
병든 자가 나음을 받았으며,
죽은 자가 다시 살아났습니다.
이것이 기도의 능력입니다.

주님,
어제 응답이 없었다고
오늘 기도를 포기하지 않겠습니다.
오늘은 새날입니다.

하나님께서 제게 원하시는 것은
더 열심히 노력하는 것이 아니라,
오늘 다시 기도하는 것입니다.
믿음으로 다시 도전하는 것입니다.
포기하지 않고 하나님의 은혜를 구하는 것입니다.

그렇기에 포기하지 않고 기도하겠습니다.
반드시 응답하신다는 믿음으로 기도하겠습니다.

전구 하나를 만드는 데도 2천 번이 넘게 다시 도전했는데
주님, 기도 몇 번 하고 응답이 없다고 포기하지 않겠습니다.

오늘 응답이 없으면 내일 다시 기도하겠습니다.
이번 달에 응답이 안 되면 다음 달에 다시 기도하겠습니다.

올해 응답이 없으면 저는 내년에 더 기도하겠습니다.
1년을 기도해도 안 되면 저는 2년을 기도하겠습니다.

5년이 걸리든 10년이 걸리든
포기하지 않고 기도하겠습니다.
응답 될 때까지 기도하겠습니다.
멈추지 않고 기도하겠습니다.

주님, 제가 믿는 것은
저의 경험이 아닙니다.
저의 능력이 아닙니다.
저의 노력이 아닙니다.

제가 믿는 것은 전능하신 하나님이십니다.
저희의 기도를 들으시는 하나님이십니다.
모든 상황을 역전시키는 하나님이십니다.
신실하신 하나님의 약속의 말씀입니다.

하나님께서 살아계시기에

기적은 오늘도 일어납니다.

크고 작은 놀라운 일들이 여전히 일어납니다.

우연처럼 보이는 일들이 운명처럼 일어나게 됩니다.

그러기에 주님,

기도를 쉬지 않겠습니다.

기도를 멈추지 않겠습니다.

기도에 지치지 않겠습니다.

기도를 포기하지 않겠습니다.

다시 기도의 자리로 나아가겠습니다.

다시 기도의 무릎을 꿇겠습니다.

다시 기도의 줄을 붙잡겠습니다.

한 번 더 구하겠습니다.

한 번 더 찾겠습니다.

한 번 더 두드리겠습니다.

반드시 얻게 됩니다.

반드시 찾게 됩니다.

반드시 열립니다.
반드시 응답됩니다.

이제 곧 큰 비가 내릴 줄 믿습니다.
은혜의 단비가 내릴 줄 믿습니다.
응답의 소나기가 내릴 줄 믿습니다.
기적의 장대비가 내릴 줄 믿습니다.

주님, 오늘은 응답의 날입니다.
저는 오늘이 그 날이라 믿습니다.
오늘 놀라운 역사가 일어납니다.
오늘 하나님의 일하심을 보게 됩니다.
상상할 수 없었던 일들이 일어나고,
모든 사람이 놀라게 될 것입니다.

길이 보이지 않던 곳에서 길을 만나게 될 것입니다.
만나야 할 사람을 만나게 되고
뒤틀린 상황이 바로 잡히고
모든 억울함이 풀어지고
새로운 기회의 문이 열릴 것입니다.

하나님은 제 마음의 소원을 이루어주시는 분입니다.

기도하는 것마다 그대로 될 줄 믿습니다.

아무리 불가능해 보일지라도

주님 안에서는 모든 것이 가능합니다.

오늘 하나님께서 응답하십니다.

하나님께서 반드시 응답하십니다.

갑자기 찾아오는 은혜를 맛보게 됩니다.

주님,

저는 주님을 신뢰하기에 기도를 포기하지 않겠습니다.

갑자기 찾아오는 하나님의 은혜를 믿습니다.

다시 기도의 소망을 갖게 해주셔서 감사합니다.

기도하고 싶은 열정을 주셔서 감사합니다.

기도의 자리를 되찾아주셔서 감사합니다.

저의 작은 신음에도 응답하시는

예수님의 이름으로 기도드립니다.

아멘.

역경을 이기는 기도

주님,
생각지 못한 역경이 찾아왔을 때
거대한 벽에 부딪힌 것 같은 마음에
정신을 차릴 수가 없습니다.
고난이 저를 조롱하는 것 같을 땐
제 모습이 너무 초라해 보입니다.

누구도 제 마음을 이해하지 못할 것 같고
누구도 이런 저를 좋아하지 않을 것 같아
마음이 위축되고
사람 만나는 것이 두렵습니다.

주님,
인생에 찾아온 역경 앞에서
사람을 탓하고 세상을 원망하는 것을 멈추고
가장 먼저 주님의 얼굴을 떠올리게 하시고
주님의 이름을 부르게 해주시옵소서.

고난조차도
주님께 나아가는 은혜의 통로가 되게 하시고,
주님을 알아가는 축복의 통로가 되게 해주시옵소서.

고난을 통해 말씀하시는
주님의 음성을 듣게 하시고
주님의 뜻을 찾게 해주시옵소서.

제가 연단 받아야 할 때라면
기꺼이 연단 받겠습니다.
주님께서 시험하고 계신다면
이 시험을 넉넉히 통과하게 하시고
이 고난 속에 숨겨진 축복을
받아 누리게 해주시옵소서.

주님,
이미 일어난 고난이라면
아무리 부인해 봐야 소용없습니다.
하루빨리 이 시간을 인정하고 받아들이는
겸손한 마음을 주시옵소서.

더 이상 실수했던 저를 자책하거나
지나간 선택을 후회하지 않겠습니다.
잊어야 할 것은 잊어버리게 하시고
배워야 할 것을 배우게 해주시옵소서.

주님께서 허락하신 고난이라면
반드시 주님의 선한 뜻이 있음을 믿습니다.
모든 것이 합력하여
좋은 일 되게 하실 주님을 믿고
고난에서 도망치는 것이 아니라
역경 속으로 뛰어드는 용기를 주시옵소서.

뿐만 아니라, 이 고난을 통해 드러난
저의 교만한 마음을 꺾어주시고
완악한 마음을 녹여주시옵소서.

안주하려 했던 생각의 비닐을 벗게 하시고
안된다는 생각의 껍질을 깨뜨려 주시옵소서.

아무리 거대한 역경이 몰려와도
고난 앞에 무너지는 것이 아니라
지금 할 수 있는 작은 일에
집중하게 해주시옵소서.

주님,
사람들은 저에게 안된다고 하고 힘들다고 합니다.
어렵다, 불가능하다, 가망이 없다고 합니다.

그러나 주님은 한번 말씀하신 것을
반드시 이루시는 분입니다.
저는 주님께서 이루실 것을 믿습니다.
주님께서 하실 것을 믿습니다.

이 고난을 통해서도
저를 향한 주님의 크고 높으신 뜻은
반드시 이루어질 줄 믿습니다.

너희 중에 누구든지 지혜가 부족하거든
모든 사람에게 후히 주시고 꾸짖지 아니하시는
하나님께 구하라 그리하면 주시리라

약 1:5

누구든지 구하라고 하시고
부족하거든 기도하라 하신 주님.

어떤 기도도 꾸짖지 아니하시고
지혜를 구하면 지혜를 주시고
능력을 달라면 능력을 주시고
사랑이 필요하다면 사랑을 주겠다고 약속하신 주님.

주님의 모든 말씀을 "아멘"으로 받습니다.
이 시간 모든 고난을 견뎌내고 이겨낼
지혜와 능력과 사랑을 주시옵소서.

눈앞의 상황에
일희일비하지 않게 하시고
상황보다 더 크신 주님을 보게 해주시옵소서.

주님은 고난이 시작되기 전부터
이미 모든 것을 아시고
고난을 이겨낼 방법 또한
미리 준비해놓으신 줄 믿습니다.

주님께서 앞서가셔서
모든 문제를 해결해놓으시고
모든 상황을 바로잡아 주실 것을 믿습니다.

주님,
인생에 역경이 없는 사람이 어디 있겠습니까.
모든 사람이 역경 속에 살아갑니다.

역경이 없기를 바라는 어린아이의 마음을 버리고
삶에 일어나는 역경을 받아들이고
주님과 함께 역경 속으로 뛰어들어
역경을 이겨내고 돌파하는
강인한 마음을 주시옵소서.

지금 겪는 고난도
제 인생의 첫 번째 고난이 아닙니다.

이미 수없이 많은 고난을 겪었고
그 많은 역경을 이기고 여기까지 성장했습니다.

지난 모든 역경을 이기게 하신 주님께서
이번에도 이기게 하실 것을 믿습니다.

주님께서 모든 고난을 견뎌낼 힘을 주시고
이 고난과는 비교할 수 없는
아름다운 내일을 보게 해주실 줄 믿습니다.

야곱아 너를 창조하신 여호와께서
지금 말씀하시느니라
이스라엘아 너를 지으신 이가 말씀하시느니라
너는 두려워하지 말라 내가 너를 구속하였고
내가 너를 지명하여 불렀나니 너는 내 것이라

사 43:1

"사랑하는 아들아, 사랑하는 딸아
지금부터 내가 하는 말을 잘 듣거라.
너를 지은 내가 하는 말을 잘 들어라.
너는 두려워하지 마라.

너를 두렵게 하는 상대가 누구든 상관없이
네게 싸움을 걸어온다면 나와 싸워야 할 거야.
너를 이기려면 무조건 나를 이겨야 해.
무슨 말인지 알지?
너는 내 거야. 내가 책임져."

주님, 어떤 역경 속에 있어도
주님께서 저와 함께하시고
저를 대신해 싸워주시고
저를 책임져 주실 것을 믿습니다.

그러기에 주님,
제가 역경의 크기를 부인하지 않되
역경에 시선을 고정하지 않고
역경보다 더 크신 주님을 바라보게 해주시옵소서.
역경 앞에 두려워하는 것이 아니라
역경 중에도 주님의 말씀을 붙들게 해주시옵소서.

모든 역경을 역이용하시는 주님,
주님께서 이번에도
반드시 이기게 하실 것을 믿습니다.

저는 주님을 믿습니다.

또 한 번의 승리를 준비하신
예수님의 이름으로 기도드립니다.
아멘.

이기게 하신 하나님께 감사의 기도

주님, 감사합니다.
제가 고난을 이기게 된 것은
제가 잘나서도 아니고 제가 잘해서도 아닙니다.

주님의 은혜가
모든 고난을 이기고 여기까지 오게 했습니다.
이기게 하신 하나님, 감사합니다.

광야에 길을 내고 사막에 강을 내신 주님,
낮에는 구름 기둥으로 인도하시고
밤에는 불기둥으로 지켜주셔서 감사합니다.
매일 아침 만나와 메추라기를 보내주셔서 감사합니다.

제힘으로 할 수 있는 게 아무것도 없을 때
저의 힘이 되어 주셔서 감사합니다.
죽음의 골짜기에서 부활의 능력을
경험하게 하셔서 감사합니다.

무슨 말을 해야 할지 몰라 흐느껴 우는 신음조차
기도로 들어주셔서 감사합니다.

기적 같은 소식을 들려주시고
놀라운 일을 일으키시고
도울 자를 보내주시고
반전의 역사를 일으켜주셔서 감사합니다.

제가 상상하지 못한 방법으로 응답하시고
생각하지 못한 방법으로 채워주시고
알지 못한 사람까지 사용하셔서
역사해주시니 감사합니다.

수없이 넘어지고 깨지고 부서졌지만
그래서 너무 고통스럽고 힘들었지만
그래도 주저앉아 포기하지 않고

다시 서게 하시니 감사합니다.
무너진 마음을 붙잡아 주시고
넉넉히 이기게 하시니 감사합니다.

고난이 저를 뒤흔들 때
믿음의 뿌리를 더 깊이 내리게 하시고
고난의 바람이 거세게 불어올 때
저를 더 강하게 해주셔서 감사합니다.

모든 것이 끝난 상황에서도
새로운 시작을 여시고
위기조차도 기회가 되게 하시니 감사합니다.

이해할 수 없는 고난도 해석해주시고
감당할 수 없는 시련도 뚫고 나가게 하시고
최악의 시간도 가장 좋은 기회로 바꿔주셔서
감사합니다.

아무것도 아닌 저를 기억해주시고
잊을 수 없도록 주님의 손바닥에
제 이름을 새겨주셔서 감사합니다.

지나간 일들을 떠나보내고
다시 일어서게 하시고
다시 꿈을 꾸게 하시고
다시 열정을 깨워주시고

다시 새롭게 도전할
용기를 주셔서 감사합니다.
시련을 통해 더욱더 강해지고
단단해지게 하시니 감사합니다.

제게
마귀를 대적하는 십자가의 능력과
죄를 이기는 예수 이름의 능력과
유혹을 물리치는 말씀의 능력과
고난을 돌파하는 기도의 능력과
기적을 일으키는 믿음의 능력을 주셔서 감사합니다.

고난 앞에 뒷걸음치지 않고
고난을 뚫고 나아가
마침내 승리하게 하시니 감사합니다.

고난에서 도망치지 않고
역경 속으로 뛰어드는 용기와
상황을 뚫고 나갈 힘과 지혜와
은혜를 주셔서 감사합니다.

고난을 견딜 힘을 주시고
고난과는 비교할 수 없는
아름다운 내일을 약속해주셔서 감사합니다.

날마다 좋은 소식을 들려주시고
하나님의 평강으로 채워주셔서 감사합니다.

어디를 가든지 은혜가 따라오고
무엇을 하든지 은혜가 함께하고
누구를 만나든지 은혜를 입게 해주셔서 감사합니다.

날마다 은혜로 덮어주시고
은혜로 채워주시고
은혜로 충만하게 하시고
은혜가 흘러넘치게 하시고
새로운 은혜를 더해주셔서 감사합니다.

은혜의 새바람을 일으키시고
삶에 불어오는 모든 역풍을 순풍으로 바꿔주시고
주저앉은 저를 날아오르게 하시고
빌리는 삶에서 나누는 삶을 살게 하시니 감사합니다.

놓쳐버린 기회보다 더 좋은 기회를 주시고
떠나버린 사람보다 더 좋은 사람을 보내주시고
잃어버린 시간보다 더 좋은 시간을 허락하셔서 감사합니다.

염려, 근심, 걱정, 불안, 두려움,
죄책감에 사로잡힌 저를
예수 이름으로 풀어주시고
연약한 마음에 하늘의 평강을 부어주시니 감사합니다.

고난 중에도 포기하지 않고
고단해도 멈추지 않고
포기하고 싶어도 다시 시작하는
끈기를 주셔서 감사합니다.

닫힌 문을 열어주시고
막힌 담을 허물어주시고

약한 것을 강하게 하시고
부족한 것을 넉넉하게 채워주셔서 감사합니다.

고난을 뛰어넘는 기적의 주인공이 되게 하시고
고난을 축복으로 바꿔주셔서 감사합니다.

주님, 감사합니다.
부족한 저를 여기까지 인도하신
주님의 은혜를 잊지 않겠습니다.
감사의 기도를 멈추지 않겠습니다.

고난 중에도 가장 좋은 길로 인도하시고
가장 좋은 것으로 채워주신
예수님의 이름으로 기도드립니다.
아멘.

따라 하는 기도 5 고난

초판 1쇄 발행	2024년 4월 16일
초판 2쇄 발행	2024년 4월 22일

지은이   장재기

펴낸이   여진구
책임편집   최현수
편집   이영주 박소영 안수경 김도연 김아진 정아혜
책임디자인   노지현 마영애 | 조은혜 이하은
홍보 · 외서   진효지
마케팅   김상순 강성민   마케팅지원   최영배 정나영
제작   조영석 허병용   경영지원   김혜경 김경희

303비전성경암송학교 유니게 과정
이슬비전도학교 / 303비전성경암송학교 / 303비전꿈나무장학회

펴낸곳 규장

주소 06770 서울시 서초구 매헌로 16길 20(양재2동) 규장선교센터
전화 02)578-0003   팩스 02)578-7332
이메일 kyujang0691@gmail.com   홈페이지 www.kyujang.com
페이스북 facebook.com/kyujangbook   인스타그램 instagram.com/kyujang_com
카카오스토리 story.kakao.com/kyujangbook
등록일 1978.8.14. 제1-22

책값 뒤표지에 있습니다.
ISBN 979-11-6504-521-0 03230

규 | 장 | 수 | 칙

1. 기도로 기획하고 기도로 제작한다.
2. 오직 그리스도의 성품을 사모하는 독자가 원하고 필요로 하는 책만을 출판한다.
3. 한 활자 한 문장에 온 정성을 쏟는다.
4. 성실과 정확을 생명으로 삼고 일한다.
5. 긍정적이며 적극적인 신앙과 신행일치에의 안내자의 사명을 다한다.
6. 충고와 조언을 항상 감사로 경청한다.
7. 지상목표는 문서선교에 있다.

하나님을 사랑하는 자 곧 그의 뜻대로 부르심을 입은 자들에게는 모든 것이 合力하여 善을 이루느니라(롬 8:28)

규장은 문서를 통해 복음전파와 신앙교육에 주력하는 국제적 출판사들의
협의체인 복음주의출판협회(E.C.P.A:Evangelical Christian Publishers
Association)의 출판정신에 동참하는 회원(Associate Member)입니다.